साँकलों में क़ैद क्षितिज

बरसों-बरस से दमन और अत्याचार की बेड़ियों में जकड़ा, छटपटाता, पल-पल अपनी अस्मिता की रक्षा के लिए तिलमिलाता, चीख़ता दक्षिण अफ्रीका।...जिसकी ज़मीन पर ख़ून के इतिहास लिखे गये, तो काग़ज़ पर क्रान्ति गीत। अफ्रीका अब भी गीतों और कविताओं का देश है। अफ्रीकी अब भी कविता को क्रान्ति का सबसे बड़ा हथियार मानते हैं।

आदमी के ख़ून से लिखी गयी इन कुछ दक्षिण अफ्रीकी कविताओं का अनुवाद किया है प्रभा खेतान ने और इस संकलन को नाम दिया है *साँकलों में क़ैद क्षितिज*। ये उस क्षितिज की कविताएँ हैं, जो साँकलों की क़ैद में जकड़ा है, छटपटा रहा है, पर सर्व मुक्त है क्षितिज, इसलिए एक दिन उसे मुक्त होना ही है।

मुक्ति की साँस की चाह से भरी ये कविताएँ मन-मस्तिष्क को चीरकर रख देती हैं और आँखों में दर्द का अथाह दरिया बह पड़ता है।

ये कविताएँ दबे-घुटे अफ्रीकी जन की ही नहीं हैं, बल्कि इनकी संवेदना से दुनिया के हर कोने का दमित-दलित जन अपने पूरे-पूरे आवेग के साथ जुड़ा है

इन कविताओं के अनुवाद में प्रभा खेतान ने मूल भावना को पकड़ा है और पीड़ा के ज्वार को व्यक्त करने में प्रयुक्त होने वाली वास्तविक भाषा में उसे अभिव्यक्त किया है।

काव्य के मर्म की गहरी समझ रखने वाली प्रभा खेतान का सार्थक श्रम है यह संकलन।

'नींद से उठे शेर की तरह
दहाड़ते हुए उठो तुम
ओ असंख्य लोगो!
पोंछ डालो
तुम्हारी नींद में धरती पर
टप-टप गिरी ओस की बूँदों की तरह
बेड़ियों को
अनेक हो तुम
बिल्कुल अकेला है
तुम्हारा दमनकर्ता'

—पर्सी वाई शेले

साँकलों में क़ैद क्षितिज

कुछ दक्षिण अफ्रीकी कविताएँ

अनुवाद

प्रभा खेतान

वाणी प्रकाशन

वाणी प्रकाशन
4695, 21-ए, दरियागंज, नयी दिल्ली 110 002
फ़ोन : +91 11 23273167 फ़ैक्स : +91 11 23275710
शाखाएँ
अशोक राजपथ, पटना 800 004, बिहार
कॉफ़ी हाउस कैम्पस, महात्मा गांधी मार्ग, इलाहाबाद 211 001, उत्तर प्रदेश
महात्मा गांधी अन्तरराष्ट्रीय हिन्दी विश्वविद्यालय, वर्धा 442 001, महाराष्ट्र
सुल्तानिया रोड, मोतिया पार्क, भोपाल 462 001, मध्य प्रदेश
www.vaniprakashan.com
marketing@vaniprakashan.in
sales@vaniprakashan.in

SANKALON MEIN QAID KSHITIJ
Translated by Prabha Khetan

ISBN : 978-93-90678-06-8
Collection of Poem

प्रथम संस्करण 2021

मूल्य : ₹ 299

एशियन ऑफ़सेट प्रेस, दिल्ली-110 093 में मुद्रित

वाणी प्रकाशन का लोगो मक़बूल फ़िदा हुसेन की कूची से

'घृणा?'
नहीं
घृणा मत करो
अहंकार और मद से
प्रमत्त मत होओ
हे मनुष्य!
पहचानो अपने भीतर के मनुष्य को
हे मनुष्य!
पहचानो
हर मनुष्य के भीतर के मनुष्य को
एक है
हमारी जाति
और
वह है
मनुष्य जाति
फिर कैसा यह भेद?
रूप का
रंग का
जाति-पाँति का?

एक राष्ट्र की घृणा की बौछार अणुबम के रूप में दूसरे राष्ट्र को क्षण-भर में धराशायी कर देगी। अपनी आज तक की यात्रा में आदमी ने जो कुछ भी उपयोगी और ख़ूबसूरत हासिल किया है, वह हमारी ही घृणा की खुराक बन जायेगा। आज हर देश स्वयं अपने पूर्ण या अर्ध-गृहयुद्ध में झुलस रहा है। क्या हम भी उससे बचे हैं? हमारे यहाँ भी अब रॉकेट और बम चलने लगे हैं। क्या जाने कब दिल्ली दरबार को किसी गुमनाम जगह से प्रक्षेपित मिसाइल धूल में मिला दें?

इतिहास की धारा को कौन रोक पाया है? पर इस स्थिति के निर्माता तो हम ही हैं? हमारी एक ही मनुष्य जाति आज कई-कई टुकड़ों में बँटती-कटती एक-दूसरे की जीवन-धारा को चीरती हुई, आज कहाँ से कहाँ तक आ पहुँची है!

हम इतिहास के बड़े ख़तरनाक दौर से गुज़र रहे हैं। सिर नीचा उस दिन हुआ, जब एक गोरे अमेरिकन से मैंने उसके देश में काले आदमियों के प्रति लावा की तरह बहती घृणा देखकर पूछा—"इतनी नफ़रत तुम लोगों को अपने ही काले अमेरिकन से? सिर्फ़ रंग-भेद? क्या तुम्हारा क़ानून तुम्हारे संस्कार और समाज को बदल नहीं पाता?"

उसका उत्तर बड़ा ही तीखा था, व्यंग्य से चुभता हुआ—"जाओ अपने देश में। वहाँ आदमी से आदमी की घृणा दूर करो। पूछो अपने क़ानून से। क्या हिन्दू और मुसलमान एक दस्तरख़्वान पर बैठकर खा लेंगे? पूछो अपनी सरकार से। गाँधी को किसने मारा? पूछो अपने धर्म-गुरुओं से, जो यहाँ पैसा कमाने चले आते हैं, 'कृष्णा-कृष्णा' गाते हैं। उसी कृष्ण के मन्दिर में अछूत चला जाये तो तलवारें खींच ली जाती हैं।"

फिर सँभल गया था वह। तुरन्त ही आवाज़ कोमल थी। धीरे-से मेरे कन्धे पर हाथ रखकर उसने कहा—
"मेरी दोस्त! तुम्हारी भावनाओं की मैं इज़्ज़त करता हूँ, पर यह भेद-भाव कहाँ नहीं है, लेकिन भारत जब 'अफ्रीकन नेशनल कांग्रेस' का नेता है तो सबसे पहले ज़रूरी है कि तुम अपने को भारतीय कहो। मैं जब पूछता हूँ—'क्या तुम भारतीय हो', तो जवाब मिलता है, 'मैं पंजाबी हूँ, मैं सिक्ख हूँ, गुजराती, बंगाली, मद्रासी।' मुझे यही पाँच नाम याद हैं, पर तुम्हारे देश में न जाने और कितनी जातियाँ और कितने मत हैं। टुकड़ों में चूर-चूर हो बिखर गयी है तुम्हारी भारतीय अस्मिता।"

मैंने मन में सोचा "हाँ, तुम ठीक कहते हो, मुझे भी भूलना होगा

कि मैं मारवाड़ी हूँ। कहना होगा कि भारतीय हूँ, बस भारतीय। मैं मानव जाति का एक अंश हूँ...केवल एक बिन्दु।"

लेकिन तब किसने भरी इतनी घृणा हममें? इतना क्रोध? इतना अहंकार? हमारा शास्त्र तो कहता है, "मैं हूँ ब्रह्म। मैं हूँ नारायण–तुम सबके हृदय में बैठा हुआ..."

"और क्या मेरे नारायण का स्वरूप अल्लाह के, यीशु के रूप से भिन्न है? क्या क्राइस्ट का रंग बहुत गोरा था?"

अफ्रीकन कविताओं का अनुवाद करते हुए सोचती रही कि यह कौन-सी जाति है जो इतनी घृणा, इतना दमन सह रही है? गाँधी के शब्द–"तुम घृणा करो–तुम ही जलोगे। शत्रु को मारना है तो उससे अच्छा आदमी बन कर निखरो। इससे बेहतर शत्रु की और कोई मौत नहीं होती।" मुझे लगता है कि ज़िन्दगी और ज़माने के बीच जारी जद्दोजहद में पल-पल ज़ख़्मी होते दक्षिण अफ्रीका का मन कविता की हिफ़ाजत के सहारे आदमियत की हिफ़ाजत के लिए एक मज़बूत हथियार थामे हुए है। बार-बार आदमी की आदमी में आस्था टूटती है और बार-बार अपनी बिखरी आस्था को मानवीय करुणा से सींचकर जिलाये रखना पड़ता है। प्रयत्नशील हैं हज़ारों-लाखों लोग, बौद्धिक, मनीषी, साधु-सन्त। सब आदमी को बचाने में लगे हुए हैं...पर कभी-कभी लगता है, हर देश, हर समाज की ऊपरी परत ही ज़्यादा चोट खाती है पर वह अपने को बचाये रखने के लिए अपना जीवन-स्रोत, नीचे की परतों का रस चूसकर जिलाये रखती है। इसमें कोई शक नहीं कि जहाँ इतिहास हर विशिष्टता को खा जाता है, हर ऊँचाई को समतल कर देता है, वहीं वे समतल मैदान ही घाटियों और पर्वतों का बोझ भी ढोते रहते हैं। बड़े-बड़े द्वन्द्व खड़े हो जाते हैं। द्वैत में बँटा हुआ मानस सही और गलत की चक्राकार गति में निरन्तर उलझता हुआ समस्याओं और चिन्ताओं से उद्विग्न हो कर अचानक मौन हो जाता है। वह भावना की कोमलता चाहता है।

हज़ार शब्दों में जो बात नहीं स्पष्ट होती, वह एक अफ्रीकन कविता की इन पंक्तियों से सहज ही स्पष्ट हो जाती है—

'दया करके तुम
अपने नाज़ुक हाथों से
छुओ मुझे
धीरे-धीरे
बस
धीरे-धीरे छुओ मुझे
चाहता हूँ मैं
नये सिरे से सीखना
ज़िन्दगी को महसूस कर पाने का सलीका'

अफ्रीका अब भी गीतों और कविताओं का देश है। एक अफ्रीकन कविता को क्रान्ति का सबसे बड़ा हथियार मानता है, क्योंकि थोड़े में बहुत कहना कविता में ही सम्भव है। आदमी का मर्म सबसे अधिक कविता की भाषा में खुलता है। और कुछ भी नहीं है जो आदमी के मर्म को कविता की अपेक्षा अधिक गहराई से छू सके, बेध सके। कितने भी खेमे बनाओ, कितने भी कविता-विरोधी अभियान चलाओ, पर आदमी के ख़ून से लिखी गयी ये कविताएँ आपको गिने-चुने शब्दों के ज़रिये जो सन्देश देती हैं, वह दर्द से निचुड़कर आँखों से बहने लगता है। इन कविताओं को पढ़ते हुए धरती के किसी भी हिस्से का हर दमित आदमी यही सोचेगा "आह! यह मेरी बात कह रहा है। यह तो हम सब दमितों और दलितों के दर्द से उपजी आवाज़ है।" कौन है ऐसा हृदय, जो इन कविताओं को पढ़कर रो नहीं देगा और कम-से-कम बहुत दूर की नहीं, पर बड़े क़रीब की इतनी-सी बात तो समझेगा कि क्या घट रहा है—यहाँ हमारे ही देश में, हमारे ही पड़ोसी के साथ?

अप्रैल, 1988

—प्रभा खेतान

'मैंने एक क्रिश्चियन होते हुए हमेशा यह महसूस किया है कि नस्लवाद या रंग के आधार पर मनुष्यों के साथ किये जाने वाले भेद से अधिक जघन्य अपराध कोई दूसरा नहीं हो सकता। यह अक्षम्य अपराध है। नस्लवाद पर आधारित व्यवस्था व्यक्ति की पीड़ा के प्रति बिल्कुल उदासीन रहती है। इस जघन्य व्यवस्था के कारण आदमी को क्या नहीं छोड़ना पड़ता? अपनी ज़मीन, अपना घर, अपनी नौकरी और न जाने क्या-क्या छोड़कर उसे किन-किन त्रासदियों का सामना करना पड़ता है?'

–अल्बर्ट लुथुली

नोबल पुरस्कार विजेता–1960

'उनके वहशियाना तौर-तरीक़े तभी तक जारी रह सकते हैं, जब तक दमित और दलित उन्हें सहते रहते हैं।'

–फ्रेडरिक उमल्स

नस्ल, रंग और शोषण
की किसी भी गुंजाइश से परे
नयी मनुष्यता के उन्नायक
मोहनदास करमचन्द गाँधी को।

अनुक्रम

डेनिस ब्रूटस (Dennis Brutus)

इनका जन्म 1924 में सेलिस बरी (Salisbury) जिम्बाब्वे में हुआ था। 1966 में इन्हें दक्षिणी अफ्रीका छोड़ना पड़ा। एक साल की नज़रबन्दी और अठारह माह के सश्रम कारावास के बाद ये लन्दन में जा बसे। इनकी कविताएँ अनेक पत्रिकाओं और संग्रहों में प्रकाशित होती रहीं। इनका पहला कविता-संग्रह 1964 में 'साइरन्स', नुक्ल्स, बूट्स (Sirens, Knuckles, Boots) नाम से प्रकाशित हुआ। बाद की प्रकाशित पुस्तक है 'लेटर्स टू मार्था, ए सिम्पल लस्ट और स्टूबर्न होप' (Letters to Martha, A Simple Lust and Stubborn Hope), ब्रूटस 'दक्षिणी अफ्रीकी नस्लवाद विरोधी ओलम्पिक कमेटी' के अध्यक्ष और अमेरिका में इलीनायस की नॉर्थ वेस्टर्न यूनिवर्सिटी में अंग्रेज़ी के प्रोफ़ेसर रहे।

आज जेल में

कैसा लगेगा तुम्हें
यदि मैं
रात में पहुँच कर
भोंक दूँ बरछा तुम्हारी काँख में
बदला लेने के लिए
उन सबकी मौत का
जिनसे परिचित तक नहीं तुम
कोई स्मृति-स्तम्भ तक नहीं जिनका
और जिन्हें याद करते हो तुम
सिर्फ़ अपने जश्न के वक़्त?

इतने अरसे के बाद भी
हम भूले नहीं उनको
कुरेद-कुरेद कर
ज़िन्दा रखी है हमने
अपने गुस्से की आग
चारों ओर से घेर रही हैं
धधकती लपटें
तुम्हारे शहरों को

राख की मीनार बन जायेंगे
तुम्हारे बच्चे
हमारे प्रतिशोध के साक्षी

एक मरे हुए अफ्रीकन के नाम

न कोई युद्ध
न कोई योद्धा

बलि के पशुओं की क़तार
जिसको देख कर
जी मितलाये
गोया
घृणा की बौछार से भीग गये हों
ताज़ा खिले फूल

ना
हमें नहीं लड़नी कोई लड़ाई
बासी खासियतों को समर्पित
इतिहास के लिए

दृष्टिहीन रातों में
एकाएक दबोच लेती हैं मौत
सिर्फ़ क़ैदियों को

योद्धाओं की सूची में
ज़रूर खड़े मिलेंगे
कुछ निहत्थे अनाम चेहरे
देश की आज़ादी के शहीदों की क़तार में

आवाज़ें फिर गूँजती हैं

फिर गूँजती हैं आवाज़ें
रात में
फिर गूँजती हैं
साइरन की आवाज़ें
दरवाज़ों पर गड़गड़ाहटें
नसों की दर्द भरी चीख़ें

पीड़ा से
विद्रूपित होते हैं चेहरे
उत्तरोत्तर उग्र होती
निःशब्द पीड़ा का
एहसास कर सकता है
सिर्फ़ एक क़ैदी

अपने ज़ख़्मों पर छोड़ते हैं ठण्डी साँसें
बारिश की तरह ज़िद्दी नरकंकाल

साइरन
बूट
और
साँकलों की आवाज़ों के ऊपर
फिर गूँजती है
मेरी आवाज़

गुरिल्ला

(दक्षिणी अफ्रीका में लड़नेवालों के लिए)

और मैं पड़ा हुआ हूँ
धूसर ज़मीन पर
कूल्हे से जाँघों तक वक्राकार

पिघलता रहता है
माटी की तपिश से
मेरा अंग-प्रत्यंग
अपनी क्षणभंगुरता में
जबकि
कोंचती रहती है ख़ाली आकाश को
एक कँटीली टहनी

दूर से आती हैं आवाज़ें,
आवाज़ें, चीख़ते पाखियों की
तड़तड़ाकर चटखने लगती हैं टहनियाँ
भारी गल्तियों की तरह

रेंगने लगती हैं चींटियाँ
माटी की चिकनी देह पर

•

लम्बे घुमावदार चक्कर काट रहे हैं
मेरे दिमाग़ में पाखी
चुहचुहाते पसीने के साथ
आँखों में जलन पैदा करती है तेज़ धूप
प्यास से क़ाग़ज हो रही है सूखी जीभ
भर जाता है मुँह पसीने के खारे स्वाद से
कुछ ही समय में
दर्द से टूट जायेगी अकड़ी हुई गर्दन
गर्मी और थकान के मारे

•

अपने पीछे छोड़कर एक टीसता हुआ ख़ालीपन
आगे बढ़ जाती है
अवसर चूक जाने से जनमी हताशा
अन्धड़ के साथ आयी बारिश की तरह
जबकि
ज़ख़्मों पर रेंग रही हैं बड़ी चींटियाँ
चाटती हुई जमा हुआ काला ख़ून

तोड़ेगा कौन
थकी हड्डियों और ज़िद्दी मांस के बीच की दूरी
और
थकान से भरी ख़बरों की लहरदार उदासी?
ओ मेरे दोस्त!
आख़िर कहाँ गयीं
लक्ष्य के आग्रह से भरी आवाज़ें
जो दहाड़ के साथ स्वीकारती थीं चुनौतियाँ
बजाती हुई शहादत का बिगुल?

कहाँ गयी
अपनी ही शर्तों पर जीने और मरने की
तुम्हारी प्रतिज्ञा?

•

चलो
अन्त में मिला तो एक सुख
ठण्डे
दक्ष
बिल्कुल आधुनिक
त्वरित
स्वतःचालित
और हमेशा तैयार हथियारों के इस्तेमाल का
देख पाने के लिए अपना घर
अपने दोस्त
और
ख़ास करके अपने बच्चे
कल्पना करते हुए
आतंक और आगजनी के कारनामों की
हथियारों के भयानक और मौत की तरह ठण्डे
आतंक के बीच?

•

दरअसल यह एक काम है
जो करना है हमें
शामिल रहना है
दुश्मन के तथ्यों को समझते हुए
लगातार देखते हुए
पीछा करने की कवायद में
ज़रूरी है पहले

वहशी दुश्मन का मार दिया जाना
किन्तु कभी-कभी आती है घर की याद
सबकुछ के बावजूद
याद रहता है संकल्प
पापी और वहशी चीज़ों को ध्वस्त कर देने का

वे जो हमें समझाने चले आते

ज़रूरी नहीं उनसे कुछ कहना
जो हमें समझाते रहे
"ख़रीदो तुम निराशा को"

ज़रूरी नहीं उनसे कुछ कहना
जो करते रहे हमारा उपभोग
उपभोक्ता और सौदागर की तरह

ज़रूर उगेगी एक नयी दुनिया
धार में बहते
इन समुद्री शैवालों के बीच

चलो
हम अपनी उस मानवता का जश्न मनायें
जिसको वे निगल जाना चाह रहे थे
ज़रूर उगेगी एक स्वाधीन दुनिया
हमारे अपने रक्त-बीज से

यह वक़्त है काम करने का
बहुत हो चुके धूर्तों के पैंतरे
साल-दर-साल

बहुत देख चुका मैं
स्वार्थों का तर्क-जाल
धैर्य और विश्वास के सहारे
अपने आवेग में भूलता रहा मैं
जब सड़ रहे थे मेरे अपने भाई
जारी थीं
हमें जेलों में सड़ा देने की कोशिशें
जारी थीं झूठे वायदों और
सद्‌भावनाओं के प्रदर्शन की कवायदें
यह वक़्त है
संकल्पों को पूरा करने का
अपनी ईमानदारी को
साकार करने का

राबर्ट द्वीप का सिलसिला

नियोन की रोशनी में
ईंगुर-सी चमकती
आँगन में बिखरे बजरी के दानों की तरह
स्लेट के टुकड़ों से भरी
सड़क से
अभी-अभी गुज़रे थे क़ैदी
थूकते हुए
चमकीला लाल नारंगी ख़ून
किनारे के बालू पर पड़े ख़ून से
हल्का पीला पड़ गया समुद्र

रोशनी से बिंधे समुद्र की
झिरझिरी लहरों से गीली हो गयी हवा

धूप में नहाते इसी समुद्र किनारे पर
खटते रहना होगा हमें
उकड़ूँ बैठ-बैठ कर
चट्टानों की तीखी धार पर

धूप से नहाई चट्टानों की धूसर देह
झेलती हुई छैनी की चुभन

धुलती हुई
चक्राकार लहरों के छींटों से
भरी हुई
कभी हल्की हरी
कभी रंगहीन पारदर्शी रोशनी से

चमक रहा था वहाँ
कोड़ों की मार से चिथराये हमारे तलवों से
बहे हल्के गुलाबी ख़ून का धब्बा
बहती रही
गुलाबी डोर-सी पतली
ख़ून की धार
जैसे-जैसे चलते रहे हम
गीली रेत पर

आश्चर्य से देखा हमने
थिर पानी के गड़हे में
गिर रही थी
ख़ून की मोटी धार
गोया
झिल्ली से उतरी लाल लड़ी

ज़ाहिर था
उस पारदर्शी चमक से भरे दिन का इशारा
चाकू की धार-से नुकीले
चट्टानों के तट पर
चुभती
दिन के तेज़ उजाले में

फेफड़ों में भर रहा था
तीखी हवा का दबाव

आकाश की जलती हुई आँखों से
झाँक रहा था
एक पारदर्शी बिम्ब
गूँज रहा था
खाकी वर्दियों में
क्लेनहान की ताम्बई क़तारों का अट्टहास

ज़मीन पर पटके गये क़ैदी की गर्दन को
दबा कर पाँवों से
बार-बार डुबो रहे थे वे
गड़हे में उसके सिर को
असहाय तड़प रहा था
वह क़ैदी
कण्ठ में रुँधी जा रही थी घरघराहट
ठहर जा रही थी हवा
जब पड़ती थी उस पर
बन्दूक़ के कुन्दे की घातक चोट
बड़ा पारदर्शी था
मौत की दहशत से भरा वह दिन

हवा में उड़ रहे थे रेत के कण
अब भी झूम रहे थे धूसर पेड़
भोर की हवा से
टपक रही थीं ज़मीन पर
पत्तों से ओस की बूँदें
शुरू हो रहा था एक दिन

अर्ध-चेतन लोगों की
मजबूर आदाबअर्ज के साथ

जारी थी
विचारों से भरे मस्तिष्क को
बदल देने की कोशिश
यन्त्रणाओं के सिलसिलों के बीच
सिर्फ़ जीवित रखा जाता था
क़ैदी के शरीर को

एक क़ैदी था वह
एक राजनीतिक शिकार था वह
कभी क्रान्तिकारी था वह
उजली हँसी के सहारे
सब कुछ सह लेनेवाला
आत्मसंयमी था वह
ठण्डा पड़ रहा था
बह-बह कर उसका ख़ून
हवा से पड़ रही थीं पपड़ियाँ
किरकिराते बालू के कण
कर रहे थे उसे वितृष्ण

हाँ, शुरुआत थी एक नये दिन की
स्वीकारना था
एक आदमी को
अपना अस्तित्व
आख़िर तक थामे रहा था वह
अपनी आदमियत को
बस केवल क्या इसी दिन के लिए...

मनपसन्द जेलरों के साथ
आते पुराने क़ैदी
चुन लेने के लिए
नये क़ैदियों में से
अपने लिए कुछ शिकार
एक़ निश्चित अवधि के लिए
किसी-किसी सुबह
हम खड़े होते क़तार में
अस्पताल के सामने
कब्ज़ के लिए नसीब होता हमें
कैस्टर-ऑयल

कैसे रंगबिरंगे आदमियों के गुच्छे हैं हम?
सब के सब घायल
चोट खाये हुए
अलग-अलग ढंग से?
फटी हुई खोपड़ियाँ
चूर-चूर कोहनियाँ
कटी हुई बाँहों पर
बँधी हुई पट्टियाँ
ख़ून से लथपथ पैर
कुछ वर्दियों के भीतर
अपने-अपने ज़ख़्म छिपाये हुए
टूटे हुए
रंगबिरंगे
भानुमती के पिटारे हम?

बैरी फिन्बर्ग (Barry Feinberg)

बेरी फिन्बर्ग का जन्म जर्मिस्टन, ट्रान्सवाल में 1938 में हुआ। 1961 से लन्दन में निवास। इनकी कविताएँ विभिन्न पत्रिकाओं और संग्रहों में प्रकाशित हैं तथा अनेक भाषाओं में अनूदित की जाती रही हैं। फिन्बर्ग एक चित्रकार, एक लेखा-चित्र कलाकार और एक फ़िल्म निर्माता भी रहे हैं। ये अफ्रीकन नेशनल कांग्रेस के सदस्य रहे और इन्होंने अन्तर्राष्ट्रीय सुरक्षा और सहायता कोष के लिए भी काम किया है।

उसके अस्तित्व का प्रत्येक अणु

अब भी हमारे बीच है जैक
पहले की ही तरह
क्या एक मज़बूत परिवार नहीं हम
लाँघते हुए मौत की सीमाएँ
झेलते हुए हर विस्थापन
हर ध्वंस के बाद
जीवित होते हुए बार-बार?

जारी रहेगा
जैक का आन्दोलन
हममें से प्रत्येक को करता हुआ प्रेरित
समर्पित होगा
हममें से हर किसी के मांस का क़ीमती हिस्सा
देश की स्वाधीनता के लिए
जैक के अस्तित्व का प्रत्येक अणु
घोषणापत्र बन समर्पित है सबको

एक प्रतिबद्ध भौतिकवादी था वह
जिसने चाहा था
फिर रोप देना
अपना हर अंग
अपने ही भाइयों में

लकड़बग्घों के इस युग में
अहम् के बन्द घेरों में पनपते लोभ को
पहचानता था वह
प्रोत्साहित होता था वह
लोगों के दिलों की धड़कनों और गीतों से
स्रोत थे उसकी ओजस्विता के
लोगों के दिलों के अंगारे और उत्साह
घूम रही हैं हमारी धरती पर
उसके ही ओज की तरंगें
लहराती हुई हमारी आशाएँ
होती हुई एकबद्ध
हमारे महान पूर्वजों की क़तार से
प्रवाहित हो रही हैं वे
अपनी निर्भीक सन्तानों की शिराओं में
पानी के भँवर से उपजी लहरों-सी
प्रेरित कर रही हैं वे पर्वतों के आरोहण के लिए
सूरज के जबड़ों में रात को ढकेलते चन्द्रमा की तरह

जैक हॉगसन 1910-1978 तक संस्थापक सदस्य थे अफ़्रीकन नेशनल कांग्रेस की सैन्य शाखा के।

केयोरेपेत्से गोसितसाइल (Keorapetse Kgositsile)

इनका जन्म 1938 में जोहान्सबर्ग शहर में हुआ। इन्होंने 1961 से लम्बे समय तक निर्वासन भोगा। कुछ समय ये दारेसलम में रहे। इन्होंने तंजानिया विश्वविद्यालय में साहित्य का अध्यापन भी किया। इनके चार कविता संग्रह अमेरिका में प्रकाशित हुए हैं। ये हैं 'स्पिरिट्स अनचेंड', 'फॉर मेलबा', 'माई नेम इज़ अफ्रीका', 'द प्रेजेंट इज़ ए डेन्जरस प्लेस टू लिव' (Spirits Unchained, For Melba, My Name is Africa, The Present is a Dangerous Place to Live) हैं। इन्होंने 'द वर्ल्ड इज़ हियर' (The World is Here) नामक एक अफ्रीकी कविता संग्रह का सम्पादन भी किया। ये अफ्रीकन नेशनल कांग्रेस के सदस्य रहे हैं।

उजबेकिस्तान को दक्षिणी अफ्रीका का सलाम

हाँ
हम भी देखेंगे स्वप्न
और
इतिहास के हाथों होकर स्वाधीन
हम भी बनेंगे अधिष्ठाता

धूप से नहाये
मुक्त-मरुस्थलों के देश उजबेकिस्तान में
समर्थ हैं कभी के भूखे
औरों के पोषण के लिए अब
कर सकते हैं वे हिफ़ाज़त
अपने देश और देशभक्तों की

लगातार झरती धूप में
मज़े से गुज़र सकते हैं अब
किसी भी संघ से आये अतिथि के
ढाई सौ दिन

क्या भिखारी ही हैं
हम अब भी
रसीले गन्ने चूसते हुए?
ओ

ताशकन्द!
समरकन्द!
सोवियत एशिया!
ओ अतीत के कीर्तिस्तम्भ
और भविष्य के प्रकाश-पुंज!
मेरे लोगों की ओर से तुम्हें सलाम
छाती पर रखकर अपने हाथ
तुम्हें देता हूँ मैं मुबारकबाद
दक्षिणी अफ्रीका और अफ्रीकन राष्ट्रीय कांग्रेस की
ओर से
शुभ दिन ओ जवान योद्धा!
अपनी शान्ति के चेहरे और फूलों के साथ
कभी नहीं परिचित हुए तुम्हारे दोस्त मेरे दोस्त से

यहाँ अब
अपने भविष्य के निर्माता हैं हम

साक्षी हैं
समृद्धि की ओर बढ़ते क़दमों के हम

हम भी चाहते हैं वही
हाँ, हम भी चाहते हैं समृद्धि
लम्बी घासों वाले जंगल के भूखों के लिए

बदल गयी है
बर्बर मरुभूमि की भी प्रकृति
वह भी करने लगी है समर्पित
जनशक्ति के हाथों में
रूई, फल और फूल

अकेले हम ही नहीं हैं साक्षी
अकेले हम ही नहीं हैं
अधिष्ठाता और निर्माता
समर्थन में खड़े हैं
वियतनाम,
क्यूबा और चीली...

ज़िन्दाबाद
हर सीमा तक जनता की अग्रगति

क्या अब भी तय करेगा
कोई कठपुतली शासन
या
साम्राज्यवादी दैत्य
हमारी नियति
इस दुनिया में?

अब तो यह ज़मीन है लेनिन की
क्या पैगक (Paigc), पी.एल.ओ. (PLO) या
उनकी सन्तानें
कोसेंगी तटस्थता की नीति को?

अब तो गणित की तरह
साफ़-साफ़ अंकित हैं
हमारे संघर्ष की रेखाएँ
और
हमारा वरण
हमने नहीं देखे
यहाँ भिखमंगे

नहीं देखे ऐसे बच्चे
गिटार का तार बन गयीं
जिनकी सूखी पसलियाँ

अपराधी हैं
स्वतन्त्रता प्रेमियों के सपनों पर
लार टपकाते तुंदियल सूअर

हमने नहीं देखीं
अपने बच्चों को बदबूदार गलियों में
जबरदस्ती भेजती माँएँ
भोजन या पानी के लिए
पेरते हुए आदमी का रस

न यहाँ देखा हमने
अपने भाइयों का
तानाशाही जैसा अपमान
या
स्वयं से घृणा का भय

यहाँ तो
फलता-फूलता है आदमी
यहाँ तो
मुक्त ज़िन्दगी जीता है आदमी
हाँ चाचा जे.बी. (J.B.)
हाँ मेलोमे (Malome)
हाँ डाडू (Dadoo)
हाँ सिसलू, फिशर (Sislu, Fischer)

हाँ
तुम सब स्वतन्त्र सेनानी
मुट्ठियाँ बाँधे हुए
अफ्रीकन राष्ट्रीय कांग्रेस
जनशक्ति की कसती हुई मुट्ठियाँ
और
हमारे नन्हे हाथ

हमें लड़ना है शान्ति के हाशिये पर
शान्ति के लिए
हाँ
लड़ना है हमें

घटित होकर रहेगा विप्लव

याद करो
यातनाओं के वर्ष

क्या कभी बिसराये जा सकते हैं
ख़ून के आँसुओं की बरसात से भरे वे वर्ष?

अब भी तो
घायल हैं हम?
हारे थे हमारे पिता उस बाढ़ से
फीका हो गया था हमारी माँ का दूध
शिथिल करता हुआ
जवान बेटों का जोश

इस ज़मीन पर जारी थी लूट-खसोट
बनियों ने काटी थी मोटी फ़सल
एक चोर के शासन में
तोड़-मरोड़ दी गयी थीं
बेड़ियों में जकड़े आदमी की हड्डियाँ
बिखेर दी गयी थीं वे
सड़कों पर गिट्टियों की तरह
हमारी मज्जाओं से बनायी गयी थीं

बारूदी गोलियाँ
उगा रहा था हमारा ही पसीना
पत्थरों के मीनार
सहला रही थीं हमारी ही मांसपेशियाँ
बनियों की जाँघें

अब पीछे लौटकर चुपचाप
देखता हूँ
अपनी तीखी काली आँखों से
अपनी ही ज़मीन पर
हथियारों के सहारे टिके लोहे के पाँवों को
अब समझ सकते हैं
आँकते हुए
घटनाओं के कारण और परिणाम
मौत से स्वाधीनता की ओर पहुँचाते
पवित्र रास्ते का मूल्य
हमारा ही दायित्व है यह
हमारा ही वरण है यह
होकर रहेगा परिवर्तन

सहते रहे हम
भूख की ऐंठन और अकेलापन
चौंधियाते रहे सदियों तक
भटकते रहे
उपनिवेशी झूठ की भूल-भुलैया में
तैरते रहे एक त्रासदी की झील में
हाँफ-हाँफ कर
उठती-गिरती निष्पक्ष लहरों के साथ

हमने नहीं चुनी थी
निर्मम कठोर रास्तों पर
ज़िन्दगी की यह नियति

कहाँ थे तुम
जब झुला रहे थे वे
हमारे शहीदों को फाँसी के तख़्तों पर?
कहाँ थे तुम
जब हत्या की थी उन्होंने लुमुम्बा की
और बेच दी हमारी ज़मीन
बॉन में आये गिद्धों के हाथ?
क्या वहीं थे तुम
जब कत्ल हुआ लुथुली मालकोम का?
और मारा गया हार्लेम
का 'कम्युनिस्ट काउन्सिल मैन'?
हाँ मण्डेला!
चलेंगे हम
ज़रूर आगे बढ़ेंगे हम
अमर कर देंगे हम
तुम्हारे गीतों को
जड़ से उखाड़ फेंकेंगे उन लुटेरों को
जिन्होंने सौदा किया आदमी की आत्मा का
जहाज़ी माल के बदले
अधिक मुनाफ़े के लिए

निकल पड़े हैं हम
गाने आज़ादी के गीत
निकल पड़े हैं हम
साबित कर देने के लिए

कि
ज़िन्दगी को नहीं बनाया जा सकता गुलाम
बेड़ियों में जकड़कर
कि
क़ैद नहीं की जा सकती ज़िन्दगी
किसी जेल में

निकल पड़े हैं हम नारकीय द्वीपों से
एक बार फिर साबित करने
कि
धरती के चेहरे के सामने
ज़िन्दगी हो सकती है फिर ज़िन्दगी
अपने असंख्य पैरों के साथ

कह दो उन कुत्सित धूर्तों से
अब न आयें वे हमें समझाने के लिए
कह दो
एकाएक एकजुट होकर हम
दोहरा रहे हैं गर्व से
अपने कवि की आवाज़
घटित होकर रहेगा विप्लव

खुली चिट्ठी

हम पूछते हैं
क्या खो गया
इस गहरे अन्धे कुएँ में
जहाँ पहुँच नहीं सकते हम
रस्सियों के सहारे

केवल एक ज़िद्दी अहंकार
चाहेगा
पीछा करना

कभी हम भाई थे
किन्तु अब?
बताया जाता है
ऐसी कोई प्रतिबद्धता नहीं हुआ करती सम्बन्धों की
हथियार नहीं हो सकते सम्बन्ध
तुम्हारी इच्छा पर नहीं है निर्भर
कि
तुम जन्म न लो उनके साथ

वे
जिनकी आँखें हैं
लेकिन
देखने की आदत नहीं
जो गया
सो गया
याद करो कैसे शुरू हुआ था यह सब?
चीख़ पड़े थे तुम
हमारे साथ
दुःस्वप्नों के बीच
ज्ञान और संहिता की बातों के लिए
मानो
न कोई बोध है हममें
न है हमारी कोई व्यवस्था
अब भी चीख़ते हो तुम
अपने दुःस्वप्नों में
शराब में लगा सकते हो छलाँग
मगर
डूब नहीं सकते!

सिर घुमाओ तुम
चाहे जिस किसी रोशनी की तरफ़
पाओगे तुम
आँसुओं में चकित एक चेहरा

घर शायद जगह है वह
जहाँ
आँसू बहाते हैं हम!

अगली बार
यदि तुमने फिर कहा हमें
ओछा
या
कम्युनिस्ट
बस याद रखना इतना
कि
बलात्कार हुआ था
तुम्हारी भी माँ के साथ
यह एक और तरीका है
रिश्तों को परिभाषित करने का

संकटकाल के बच्चे

संकटकाल के बच्चे
लौह कमन्दों
जूतों
और
साइरन के बच्चे
जिनकी ज़ुबानें देती हैं
सहमति का निर्णय
और
जिनकी बन्दूक़ें उगलती हैं गोलियाँ

एक बड़ा प्यारा काम है
सशस्त्र शान्ति

अब पता है हमको
कि
जश्न मनायेगी
कहीं कोई माँ

ज़मीन के ऊपर बरसते बादलों की तरह
एक करो
उन आवाज़ों को
हमें मुक्त करना है उन्हें

किसी भी आकाश के नीचे
वे इकट्ठे होकर फुसफुसाते हैं
तुम्हारी आँखों में
या फिर मुस्कानों में

जश्न मनायेगी
कहीं कोई माँ
अरे ओ यायावर!
जीभ पर रखकर अंगारे
दहाड़ती हैं
तुम्हारी सम्मिलित आवाज़ें
दुश्मन के ख़िलाफ़

अपनी आँखों की भट्ठी में
दहकाते हो ईंधन
उन लम्बी राहों के लिए
जो उत्साहित करेंगी
तुम्हारी आत्मा को
हमारा उद्देश्य है
आज सिर्फ़ एक
अब हमारी है यह धरती
क्योंकि
अब जानते हैं हम
क्या हैं हमारी ख़ुशियाँ?
क्या हैं हमारे ग़म?

ए.एन.सी. कुमालो (A.N.C. Kumalo)

इनका जन्म 1938 में जोहान्सबर्ग में हुआ। ये कुछ समय अफ्रीका में ही रहे। 'सेचाबा', 'द अफ्रीकन कम्युनिस्ट', 'ट्रांजीशन', 'पैन अफ्रीका और एंटी एपारथेड न्यूज़' (Sechaba, The African Communist, Transition, Pan Africa and Anti-Apartheid News) इनके कविता-संग्रह हैं। विभिन्न पत्रिकाओं में इनकी लघु-कथाएँ और निबन्ध भी छपते रहे हैं। ये अमखोन्तो वी सीजवे (Umkhonto we Sizwe) और अफ्रीकन नेशनल कांग्रेस के सैनिक प्रकोष्ठ के सदस्य रहे हैं।

लाल हमारा रंग

चलो हम लिखें एक कविता
जिसका रंग हो
ख़ूनी लाल
बजती रहे जो
मौत की घण्टियों की तरह

कविता
जो नोच ले आततायियों के चेहरे
चूर-चूर कर दे उनकी लौह पकड़
कविता
जो जगाये आदमी को
और आवाहन करे
मौत का नहीं, ज़िन्दगी का
सन्ध्या का नहीं, आशा का
गोधूलि का नहीं, भोर का
पुराने का नहीं, नये का
समर्पण का नहीं, युद्ध का

इससे पहले कि
अगले दशकों को खा जाय यह दशक
लोगों से कहो कवि,
सच हुआ करते हैं स्वप्न भी

आवाहन करते हुए स्वतन्त्रता का
चुनौती दो धनकुबेरों को
सजा सकते हैं वे अपने कमरे की दीवारें
कलाप्रेमियों की सुगन्धित घसीटन से
स्वतन्त्रता की पुकार के साथ
छुओ तुम
लोगों की पलकें
गौरव की निस्सीम शक्ति से
मरोड़ दो तिनकों की तरह
जेल के सीखचे
कर दो समतल
ग्रेनाइट की दीवारों को

ओ कवि!
खोजो उन लोगों को
जो
भट्ठी में तपाकर लोहा
गढ़ सकें चाबी

लन्दन शहर के मुनाफ़ाखोर

(एक तुकबन्दी, उन विदेशियों के लिए जो नस्लवादी सरकार में पूँजी लगाते हैं।)

अपनी आँतों में
हंस, तीतर
गॉल्फ जिन
और लाभांश की रकम ठूँसनेवाले
ओ पैसेवाले मुनाफ़ाखोर जुआरी
शहरी लोगो!
और किससे भरता है तुम्हारा पेट?
सूट पहनकर अपने को सभ्य कहलाने वाले
ओ रक्त-शोषक खटमलो?
समझते हो तुम
कि
अपनी हथेलियों पर सिर्फ़ नाक छिनकते हैं
काले लोग
इन गोरी सभ्यता की रंगरेलियों में रमे हुए
हर पेड़ का फल हथियाने वाले
सूजे हुए खटमल हो तुम

समझते हो तुम
कि
मरते हैं सिर्फ़ पेट फटने से काले बच्चे

क्या
ख़ून में तर
नहीं मर रहे काले बच्चे?
अजीब बात है!
क्या अब भी
तृप्त हो पाये तुम शहरी लोग?
नहीं!
अब भी भकोसे जा रहे तुम
सारा लाभांश
ओ
फूले हुए खटमलो?
बैठे हो
अपने ग्रीष्मकालीन मकानों में
दस्ताना पहने
गहनों में लदे
टपकाते हुए लार ओ उतावले
मुनाफ़ाखोर जुआरी अमीर शहरी लोगो!

होशियार!
ख़तम करके रहेंगे हम
समूचा कारोबार
तुम्हारे इस लोभ का

सोवेटो के अंगारे

हथियारबन्द गाड़ियों पर
बढ़ते जा रहे आगे
नये युग के युद्ध-सेनानी
क्रूसिबल से बाहर
आँसू गैस, डण्डों और गोलियों की करते हुए उपेक्षा
सदियों की गुलामी को देते हुए चुनौती
बेपरवाह खुली आज़ादी के साथ
वे बढ़ते जा रहे आगे
बँधी मुट्ठियों में टँकारते हुए अपने हथियार

आह्वान कर रहे जन-शक्ति का
योद्धाओं के कण्ठ-स्वर
मौत की करते हुए उपेक्षा
बढ़ते जा रहे आगे
तूफ़ान को चीरते हुए
युवा, किशोर
सिर्फ़ आठ वर्षों के बच्चे तक
कसाइयों की बन्दूक़ों के साये में
बढ़ते जा रहे वे
जनता की पुकार पर
बढ़ते जा रहे वे निर्भय
सदियों से जारी उत्पीड़न के साये में

अरे!
क्या हुआ यह?
क्षण-भर में गिरकर
ढेर हो गये सब?
क्या बर्फ़ हो गये उनके शरीर?
उफ़!
कितना बीभत्स है
अंगों का छितरा जाना
चिथड़े-चिथड़े बिखर गयी गुड़ियों की तरह
कँटीली जाली से ढँकी आँखों के सामने
मिल जाना मिट्टी में
गिनते हैं
समवेत स्वर में भौंकते कसाई
मृतकों की संख्या
ललाटों की क़तार
मस्तकों के जंगल
जहाँ
कभी धड़कता था दिमाग़
होती थी
चुनौती भरी धड़कन
कँटीली तारोंवाली आँखों के सम्मुख
फिर आह्वान करते हैं शहीद
जनता की शक्ति का

सुलगते हुए स्कूल के आँगन की राख से
उगती हुई पुकार
बन जाती वयस्कों की ललकार

फैक्ट्रियों, खानों और खेतों से उठता है
समवेत कण्ठस्वर
फेनिक्स बच्चे के कण्ठस्वर से उगता हुआ
क्रूसिबल से बाहर
जलती हुई भट्ठियों से बाहर
लाल गर्म हवा में
नाचती
चक्कर काटती
ऊँचे मँडराती हैं
सुलगती हुई चिनगारियाँ
प्रज्वलित करती हुई मामलोंडी की आँख
गुगुलेड के दिलों में धधकाती हुई आग
बॉन्थरवेल के फूलों की तरह दहकते
सोवेटो के ये सुलगते उद्दीप्त अंगारे
तेज़ी से भरते उड़ान
गिरते हुए बच्चों के साथ
ऊपर उठती है योद्धाओं की पुकार
चक्कर काटती हुई
तनती है स्वाधीनता की बन्दूक़
सुलगती हुई विजय
माँ!
बच्चे!
पिता!
लोगो! सुनो...
सूख जायेगी
आततायी के होंठों पर
वरिस्टाट की आवाज़

डूबे और टीरो तथा हर शहीद के नाम पर

जब
स्वाधीन हो जायेगा हमारा देश
जब
फहरायेगी हमारी राष्ट्रीय पताका
पर्वत की चोटी पर
हम मिलेंगे फिर
डूबे और टीरो से
हर शहीद से

लुथुली की सच्ची सन्तान थे
डूबे और टीरो
आज भी धड़कती है
हर काले बच्चे के हृदय में
बैम्बाथा की आत्मा
असमर्थ हैं हमारा दमन कर पाने में
चाबुक और बेड़ियाँ
आतंकित करनेवाले बम
या बरसनेवाली गोलियाँ
फाँसी के ख़ूनी फन्दे
आग उगलनेवाली तोपें
आज भी धड़कती है
बैम्बाथा की आत्मा

डूबे और टीरो में
हर काली सन्तान के हृदय में

न आत्मसमर्पण
न हिचकिचाहट
न शान्ति, न विराम
दुश्मन से प्रतिशोध के पहले
हित्सा, मकान्दा
शेखाकुन बैम्बाथा
लुथुली, सालुजी
न्कोसी, नुडले
मर्दो और स्त्रियो!
तुम सभी बढ़ो आगे
छीन लो दुश्मनों से
लाठियाँ और बल्लम
तमाम हथियार
संघर्ष के शहीदों का
बदला लेंगे हम

जब फहरायेगा
पर्वत की चोटी पर हमारा राष्ट्रीय झण्डा
हम मिलेंगे
डूबे और टीरो से
हर शहीद से

लिलियन नगोई

लिलियन,
मैंने सुना है
तुम उनसठ वर्षों की हो
कभी नहीं मिल पाया तुमसे
केवल देखी तुम्हारी तस्वीर
तुम्हारे बारे में लोगों से सुनीं बातें
मैं जानता हूँ
अब भी होगी तुम
उतनी ही जवान
उतनी ही ख़ूबसूरत

एक पत्रकार ने मुझे दी है ख़बर
राज्य के हुक्म पर
तुम्हें मिली है
पन्द्रह साल आदमी के सम्पर्क से दूर
अकेली रहने की क़ैद
पर चट्टान की तरह
अडिग अविचलित तुम्हारी आत्मा
अपने ही घर में क़ैदी तुम
घर की ही दीवारें बन गयीं
जेल की दीवारें
घर के ही ताले बन गये

जेल के ताले
वर्जित था
लोगों का तुम्हारे पास पहुँच पाना
घर की उस जेल में
ताले-चाबियों के पीछे
क़ैद था तुम्हारा दिमाग़
लगातार पन्द्रह साल
तुम्हारी ज़िन्दगी के लमहों का
निरीक्षण करने जाती थी पुलिस
अकेलेपन में तुम्हें
चूर-चूर करने के लिए
अलग करने के लिए तुम्हें
तुम्हारी ही ज़िन्दगी की मियाद से
तुम्हारे हृदय को चीर देने की चाह से
लगातार पन्द्रह साल जाती रही पुलिस
तुम्हारी ज़िन्दगी के लमहों का
निरीक्षण करने

बता रहा था वह पत्रकार
निडर शेरनी की तरह
क्रोध में दहाड़ती रहीं तुम
तुम्हें सबसे अधिक अफ़सोस था
लोगों के किसी काम न आ पाने का

तुम रोयीं
तुम हँसीं
तुम क्रोध से थरथरायीं
धीमी हो गयी

तुम्हारी आवाज़
जब समझने लगीं तुम
"कितने दुखी हैं
मेरे अपने तमाम उत्पीड़ित लोग"

सुनो लिलियन?
तुम्हारी ही जैसी ख़ूबसूरत होनी चाहिए
उनसठ की उम्र में हर औरत

लिलियन 1911-1980 अफ्रीकन नेशनल कांग्रेस की अग्रणी नेता थीं। पूरे पन्द्रह साल अपने ही घर में क़ैद से उनके मुक्त होने के बाद एक पत्रकार से हुई उनकी बातचीत के आधार पर यह कविता लिखी गयी।

हग लेविन (Hugh Lewin)

इनका जन्म 1938 में पूर्वी ट्रांसवाल में हुआ। विध्वंसक गतिविधियों के आरोप में सात वर्ष के सश्रम कारावास की यन्त्रणा के बाद इन्हें लन्दन में शरण मिली। इनकी कविताएँ 'सेचाबा और लोटस' (Sechaba and Lotus) में प्रकाशित हैं। ये जोहान्सबर्ग से निकलने वाली पत्रिकाएँ 'पोस्ट' (Post), 'ड्रम' (Drum) और 'दि गार्जियन' के संवाददाता रह चुके है। इनके कविता-संग्रह 'बैरी और जेकिन्स' 1975, 'पेंगुइन' (Penguin) 1976 में प्रकाशित हो चुके हैं।

छुओ मुझे

जेल से निकलने के बाद
किसी से कहूँगा मैं

"दया कर के तुम
अपने नाज़ुक हाथों से
छुओ मुझे
धीरे-धीरे
बस धीरे-धीरे छुओ मुझे
चाहता हूँ मैं
नये सिरे से सीखना
ज़िन्दगी को महसूस कर पाने का सलीका"

किसी ने मुझे छुआ तक नहीं
सात सालों से
किसी की छुअन से वंचित हूँ मैं
सात सालों से
अब समझ सका हूँ मैं
आदमी के लिए
आदमी की छुअन का महत्त्व

नहीं
पूरा अछूता नहीं रहा हूँ मैं
याद कर सकता हूँ
इस दौर में
अपने छुए जाने का सिलसिला

जैसे पहली बार
लगाया गया था मुक्का मेरे मुँह पर
और बरसते रहे
प्रचण्ड पागल मुक्के
लगातार मुझ पर
मार
केवल मार
हाँ, याद है मुझे
जब तक चीख़ते हुए कहने न लगा मैं
"मत छुओ मुझे
दया करके मत छुओ मुझे"

दूसरी बार पंजे
पहले चार बरस तक
पंजों की मार
हर दिन

मुझे पीटते हुए पंजे
"उठाओ हाथ
उतारो जूते
फैलाओ पैर"

मुझे खरोंचते-कोंचते हुए पंजे
सोचे-समझे ढंग से ठहराते हुए मुझे तुच्छ
सिर्फ़ मुझ तक सीमित
गोपनीयता की तहक़ीक़ात करते हुए पंजे

नहीं
अब मुझे नहीं चाहिए
और मुक्के और पंजे
अब सहलाया जाना चाहता हूँ मैं
मानवीय छुअन से
महसूस करना चाहता हूँ फिर
अपने को ज़िन्दा
जेल से निकलने के बाद
कहना चाहता हूँ मैं
"लोगो!
ज़िन्दा हूँ मैं
दया करके छुओ मुझे"

इल्वा मैके (Ilva Mackay)

इनका जन्म कोक्सताद प्राविंस में 1952 में हुआ। ये दो बार कारावास भोगने के बाद 1966 में लन्दन पहुँचीं। 'ब्लैक कान्ससनेस' पत्रिका में इनकी कई कविताएँ प्रकाशित हो चुकी हैं। इन्होंने 'ब्लैक वायसेज शाउट' (Black Voices Shout) नामक संग्रह में भी अपनी रचनाएँ दीं। यह संग्रह प्रतिबन्धित कर दिया गया। ये अफ्रीकन नेशनल कांग्रेस की सदस्या हैं और दक्षिणी अफ्रीकन कांग्रेस की ट्रेड यूनियन में सक्रिय रही हैं।

अफ्रीका

अफ्रीका,
उन बच्चों की माँ
जो नहीं चाहते
खो जाना
किसी समुद्र में
नदी की तरह

अफ्रीका,
उन बच्चों की माँ
जो संकल्पित हैं
अपनी आज़ादी के लिए

अफ्रीका!
तुम्हारे बच्चे
अब
झूल नहीं पाते
तुम्हारी बाँहों में
ख़ामोशी से माथा टेककर
थोपी गयी नियति के सामने

उतार फेंका है उन्होंने
उपेक्षा और विषाद का लिबास
अपने शरीर से

अफ्रीका!
तुम्हारे बच्चों की आवाज़
काटती है
कुहासे से ढँकी पहाड़ियों को
सींचती है
उछलती हुई नदियों की तरह
तुम्हारे खेतों को
जो होते रहे
विध्वंस और बलात्कार के शिकार

अफ्रीका!
आज तुम्हारी नदियाँ
भरती हैं हमारे ज़ख़्म
हम शरणागत हैं
तुम्हारे खेतों के
किन्तु
ख़ामोश नहीं हो सकती
तुम्हारे पर्वत-शिखरों के बीच
आज़ादी का आह्वान करती
शहीदों की आवाज़

डंकन माटलहो (Duncan Matlho)

यह इस कवि का छद्‌म नाम है। इनका जन्म 1951 में ट्रांसवाल के एरमेलो नामक स्थान पर हुआ। जुलूलैण्ड विश्वविद्यालय को, जहाँ ये क़ानून के विद्यार्थी थे, जलाने के आरोप में 1976 जून में इन्हें आजीवन कारावास का दण्ड मिला। अक्तूबर 1976 में ये जेल से भाग निकले और अज्ञात स्थान पर निर्वासन में अफ्रीकन नेशनल कांग्रेस और Umkhonto We Sizwe के कार्य में लग गये।

मैं एक स्वातन्त्र्य योद्धा

डरे हुए हो तुम
तुम्हारे गले में रुँधी घरघराहट हूँ मैं

विवश हो तुम
विस्फोट की गैस से भरी हवा
साँसों में भरने के लिए
धूप का सुख लेते हुए

चाहता हूँ मैं
कस कर लतियाना
तुम्हारी ह्विस्की के गिलास और
मुँह लगी तम्बाकू के पाइप को

मैं हूँ
सदियों से अपने अस्तित्व का अधिकार खोजता हुआ
वह काला जूता
उधेड़ कर रख देगा जो
बगीचे की कुर्सी से चिपकी
तुम्हारे चूतड़ की चमड़ी

मैं हूँ
तुम्हारी गर्दन का झुलसता हुआ दर्द

तोड़ता हुआ
तुम्हारी उँगलियाँ
ताकि
ढीली पड़ जाये तुम्हारी पकड़
चुराई हुई ज़मीन पर
उजाड़ता हूँ मैं
तुम्हारे पनाहगाह
खोजता हूँ मैं
चाबुक का वह हैण्डल
जो टूट गया घुटनों पर
करता हुआ लगातार चोटें
खोजता हूँ मैं तुम्हारा जबड़ा
जिसे ज़मीन पर रगड़ते हो तुम
पीने के लिए मेरा रक्त
अपनी खुराक बना लेना चाहता हूँ मैं तुम्हें
हाँ, लगातार दौड़ता हुआ
घृणित चूहा हूँ मैं
पा लेने के लिए तुम्हारा धन
करता हुआ तुम्हें आतंकित
हाँ, हुँआँ-हुँआँ हूँ मैं बखार की
अपशकुन की छाया की तरह तुम्हारे रास्तों पर

भले करा लो तुम
अपनी हिफ़ाज़त के लिए
लाखों की बीमा
तुम्हारी नींद में
तुम्हारे कानों में
फुसफुसाता रहूँगा मैं
तुम्हारी शवयात्रा का शोकगीत

रौंदता हुआ
नौकरों के झुण्ड के सहारे
तुम्हारी नाक ऊँची रखने के स्वप्न

नहीं दफ़नाई जायेगी तुम्हारी लाश
शाही शान के साथ

भूल जाओ ऐसे स्वप्न
तुम्हें तो अथाह गड्ढे में
लावारिस-सा फेंकेंगे हम

रेबेका माटलो (Rebecca Matlou)

इनका जन्म जोहान्सबर्ग में 1953 में हुआ। इनकी कविताएँ 'भो', 'डाउन' और 'सेचाबा' (Vow, Dawn और Sechaba) में प्रकाशित हैं। इन्होंने रेडियो फ्रीडम के लिए रेडियो-संवाददाता का काम किया। ये अफ्रीकन नेशनल कांग्रेस की ओर से अफ्रीका में काम कर रही हैं।

ये राहें

इस धरती के बच्चो!
हमारी अपनी नियति के बच्चो!
इन राहों को पार करो
इन तलवारों को आर-पार करो
शेर की सवारी करो
और कसो उसके अयाल
कन्धा ऊँचा कर लगाओ छलाँग
तुम्हारी राहों की रोशनी बनेगा
आकाश का स्वर्ग
तुम्हें रास्ता दिखायेंगी
कँटीली झाड़ियों की प्रतिध्वनियाँ
इसी राह पर चले थे
हमारे अमर शहीद
खींचो ज़रा ज़ोर से लगाम
रौंद दो कँटीली झाड़ियों को

तुम्हारी पेशानी पर छलछलाती हैं
पसीने की बूँदें
तुम्हरी पीठ पर रखा पवित्र जुआ
लोगों की ज़ख़्मी दिलों पर लगायेगा मरहम
और करेगा निमन्त्रित
स्वतन्त्रता के बीजों को
मातृ-भूमि के लिए

घर की याद

बहुत घृणित नहीं है
घर से इतनी दूरी

चीर कर रख देती मेरा हृदय
तुम्हारी याद
उत्कण्ठित हो उठता हूँ मैं
टुकड़ा-टुकड़ा टूटकर भी
हाँ, तरसता हूँ मैं
तुम्हें मुक्त कर पाने के लिए

हाँ
वहाँ रौंदे जाते हैं लोग
जहाँ
भुरता बना दिये जाते हैं बच्चे
घिनौने तरीक़े से पटककर ज़मीन पर
फेंक दी जाती हैं
दादियाँ और नानियाँ
खाद बनने के लिए
खुली सड़कों पर
कचरे की बाल्टियों में
ख़ून है वहाँ
चीर कर रख दिया जाता है
वहाँ आदमी
बिल्कुल चीर कर

ज़ंजीरों में जकड़ दी जाती हैं आत्माएँ
इस कदर कर दी जाती हैं बेड़ियाँ
कि
चटचटा कर टूट जायें
कलाइयों की हड्डियाँ
जारी रहता है
औपचारिक वाद-विवाद
तड़पाती भूख
और लगातार चोटों से
घायल आत्माओं की टीस
बन जाती है तूफ़ान
बिना छत वाले घरों में
जो ढह पड़ते हैं राहों में
रात-भर गूँजता रहता है
लोगों का क्रन्दन

इन तरीक़ों से
उग रही है
एक नयी त्रासदी

हो रहा है क्षय
विक्षुब्ध मनःस्थिति का

परपीड़न के बीच
कीड़ों का भोजन बन रहा है आदमी

बहुत घृणित नहीं है
घर से इतनी दूरी

सोलोमन माहलेगु

(एक वक्तव्य)

किसी उलझन में मत पड़ो तुम
देख कर मेरी मुस्कराहटें
चिढ़ो मत कि
सन्ताप के इन क्षणों में भी
मैं रख पाता हूँ
इस अँधेरे तहखाने में भी सीधी अपनी पीठ

मौत के इस कुएँ में भी
एक स्वाधीन व्यक्ति हूँ मैं

तुम्हारे इस कोढ़ी खेमे के बीच
एक पूरा आदमी हूँ मैं

पूछो मत कि
क्यों घूर रहा हूँ
इतनी चुभन के साथ?

ज़िन्दगी के यथार्थ से जन्मी है
मेरी ख़ूनी दृष्टि

फूटी है यह धार
ज़िन्दगी के सोतों से
आत्मा में काँटे-सी चुभती है
यह जी मितलाने वाली अस्थिरता

जकड़ लेती है मेरे अस्तित्व को
ठण्डी यन्त्रणा
अधिकारों के बर्फ़ीले स्थगन से चटखती हैं
मेरे मस्तिष्क की शिराएँ
तुम्हारे अवैध पंजे
घोंट देते हैं गला
अजन्मे बच्चों का

हमें हीनता की हदों तक झुकाकर
मारते हुए एक जानवर की मौत
ख़ुश होते हो तुम
मज़ा मिलता है तुम्हें

अर्पित करता हूँ मैं लोगों को
ख़ुशियों की प्रतिध्वनियाँ

तुम
जो घबराते हो
हर रहस्यमयता से
तुम
जो कर्फ़्यू लगा देते हो
हर दिमाग़ पर
खड़े हो
जेल की दीवारों की ओर पीठ किये

पा सकते हो उसी वक़्त तक सहारा
जब तक
कुचल न दे यह दीवार ही तुमको
रौंद न डाले
तुम्हारी छातियाँ

जब तक
पिघल न जाओ तुम
बिखर न जायें
तुम्हारी उम्मीदों के टुकड़े
चिपके रहो तब तक
अपनी नियति से
पकड़े रहो
इसकी हिलती पूँछ
इस अँधेरे को
एक नया अर्थ दूँगा मैं
अपनी परस से

सोलोमन माहलेगु अफ्रीकन नेशनल कांग्रेस का एक गुरिल्ला योद्धा था जिसे अप्रैल 1979 में फाँसी दी गयी।

विक्टर माटलो (Victor Matlou)

वास्तविक नाम : जिन्जीवी नकोण्डो। इनका जन्म 1943 में हुआ। 1976 के विद्रोह में ये बन्दी बनाये गये। ये जेल में बुरी तरह यन्त्रणा के शिकार हुए। इन्होंने 1977 में दक्षिण अफ्रीका छोड़ दिया। ये अफ्रीकन नेशनल कांग्रेस के कार्यकर्ता रहे हैं। इनकी पत्नी रेबेका माटलो भी एक क्रान्तिकारी कवयित्री और ए.एन.सी. (ANC) की सक्रिय कार्यकर्ता रही हैं।

हमारी आज की पीढ़ी को

शब्द...
असरदार और ढकोसलों से भरे
हमारे काले होंठों को जूठा कर गये

उन धूल भरे तहखानों में
इन शब्दों ने पैदा किये
न जाने कितने व्यर्थ शहीद
टटोलते हुए
निराश शताब्दियों के झूठे भरोसे
आसपास कटखनी मधुमक्खियों के बावजूद।

कभी-कभी टपकनेवाले बूँद-बूँद शहद का साझा
किया हमने
दन्तहीन जबड़ों में
मुस्कुराते हुए

परिवर्तित हो गये हम
लगातार खटते
एक मेहनतकश की ताक़त में

सिर्फ़ अपने लिए हड़प ली
मधुमक्खियों की सफ़ेद लार से टपका ताज़ा शहद
आततायियों के बर्बर हाथों ने

हम भोग रहे हैं
उपनिवेशी झण्डों की पतंग-उड़ान के नीचे
आत्म-रति के तेज़ नशे की शिकार
यह अपदस्थ ज़िन्दगी

एक ग़ुलाम आदमी

क्या मैं प्यार करूँ
उस गुलाम आदमी से
जो
तराशता है चीज़ों को
हथौड़ियों की ताल पर
सन्नाटे को तोड़ता हुआ
संकल्पों के होंठों से?

क्या मैं
चूल्हे पर सेंकूँ
मीठे गीतों को
और
खखोरते हुए देखूँ
विचारों को ढलते हुए
सुन्दरता के साँचे में?

क्या सिर्फ़ देखता रहूँ मैं
दुनिया पर क़ब्ज़े के लिए
जारी मुठभेड़ें?

सूरज के साथ
चल रहा है सड़क पर
काल की निहाई पर

लाल लोहे-सा
एक गुलाम आदमी

क्या मैं बता दूँ
इन्तज़ार करती उस औरत से
कि
कभी मैं भी था भरा-पूरा?
फ़िलहाल तो हमारे हिस्से पड़ा है
निकृष्टतम दारिद्र्य
और
चमक रही है समृद्धि
ठण्डी 'नियोन रोशनी' की आँखों में

लौट जाऊँ मैं
गुलाम आदमी की ज़िन्दगी के टुकड़ों पर नाचती
मादाम-दू-तॉयत की
गहनों से चमकती गर्दन मरोड़ने के लिए?

मादाम-दू-तॉयत एक नाम
जो सोख लेता है
आम आदमी के तमाम प्रवेशाधिकार

मादाम-दू-तॉयत
बिना कन्धों का एक नाम
जो चुरा लेता है
अपने पैशाचिक डंक से
खेतों की सारी उपज
मादाम-दू-तॉयत
सुनहली पुस्तकों का एक शब्द
मैं एक गुलाम आदमी

अपनी उँगलियों से
क्या टोह सकता हूँ उसे?

ठण्डी साँसों और कमर में दर्द के बग़ैर
क्या मैं कर सकता हूँ
उसका सही उच्चारण?

क्या मैं कर सकता हूँ सम्बोधित बेहिचक
सम्माननीया मादाम-दू-तॉयत को?
मादाम तो कह देती हैं हमें
नर्क में जाने को

उनका उत्तर देगा
पसीने से हलकान एक मेहनतकश

कहेगा एक कवि
"मैं भूल गया हूँ
मादाम-दू-तॉयत जैसा एक नाम"

बादलों का गर्जन
और
ख़ूबसूरती का वज्रपात
अन्धा कर देता है
उत्पादन में लगे
गुलाम आदमी को
नहीं माप सकता है वह
अपनी लम्बाई-चौड़ाई
क्या चिल्लाऊँ मैं
मार्क्स कहकर

उसके सम्मोहित बहरे कानों में?
भय से दौड़ा आयेगा वह
दुनिया को होश में लाने के लिए
और मादाम-दू-तॉयत?

आह!
उबाऊ लहरों की शरण की मुहताज
मादाम-दू-तॉयत!
एक दिन झूलेगी
इतिहास की
निगल जानेवाली लहरों की खूँटी पर
अपने उजले दाँतों और चमकती आँखों से
देखेगा एक गुलाम आदमी।
मानो हवा का मस्तूल बन जायेगी
म...म...मादाम-दू-तॉयत
इस धूल भरे भूकम्प के बाद
हवा की आवाज़ के साथ मँडराते हुए
जब हथौड़े और पसीने की कविता
ख़तम कर देगी
उसके अस्तित्व के सारे वाक्य-विन्यास
रूपान्तरित हो जायेगी
उसकी आशा
अपेक्षाहीनता की शक्ल में

दुनिया के तोरण-द्वार पर बुना जा रहा है
एक अनिवार्य षड्यन्त्र
समुद्री राहों के अन्तरीप में
मादाम-दू-तॉयत के मरने का दृश्य
निहित है इसमें

मैं उत्तर नहीं दूँगा षड्यन्त्र का
बताऊँगा मैं मादाम-दू-तॉयत के बारे में

फिर
किरकिराती है सुनहले दाँतों की हँसी?
हड़बड़ा कर चूम लेना
भौंहों का टेढ़ापन
मुस्कान में करना सम्बोधित
अपनी ही आत्मा को

कहती है मरते हुए दिन की
खुशनुमा शाम
"पहली बार देखेगा जोहान्सबर्ग
सोफिया शहर का ध्वंस
और रोयेंगी टिमोल की ऊँचाइयाँ
हाँ रोयेंगी
टिमोल की ऊँचाइयाँ"
कौन थामेगा हाथों में
जलते हुए अंगारे?
क्या डिब्बे में बन्द कर सकता है इसे
थेम्बा
अपनी ख़ूनी क़लम से?
किन्तु
प्रतीक्षा करो
साझीदारी की

सोफिया शहर जोहान्सबर्ग के बाहर काले लोगों का छोटा-सा नगर था, जिसको 1950 में जबर्दस्ती ख़ाली करवाया गया। अहमद टिमोल को दक्षिणी अफ्रीकी पुलिस द्वारा ऊँची इमारत से फेंक दिया गया था।
कैन थेम्बा एक लेखक थे जिनकी मृत्यु प्रवास में हुई।

जॉन मातशिकिजा (John Matshikiza)

इनका जन्म 1954 में जोहान्सबर्ग में हुआ। 1960 में इनके परिवार ने अफ्रीका छोड़ दिया। इनकी प्रारम्भिक शिक्षा-दीक्षा जाम्बिया में हुई। इसके पश्चात् इन्होंने लन्दन में नाट्यशास्त्र का अध्ययन किया। फ़िलहाल ये एक अभिनेता हैं और नाट्य-मंच तथा दूरदर्शन में काम कर रहे हैं। ये ए.एन.सी. (ANC) के सदस्य हैं।

और मैं देखता मण्डेला की ओर

बाट नहीं जोहनी है
आकाश का रंग नीला हो जाने की

पलट कर ऊपर देखो
एक नयी रोशनी

आकाश में
हिंसा का रंग है
और नीचे पसरी ज़मीन पर है
सदियों का सन्ताप

नयी रोशनी की आँच में
फिर खिलेगा
शताब्दियों का पुराना सच

यहाँ धधकती आग के एहसास से
सुखी हूँ मैं

घृणा और अँधेरे से भरे दिनों में
जब खो गया था आकाश का रंग
ज़िन्दा था यह आदमी
इसी ने सौंपा आकाश को उसका सही रंग

लौट सकते हैं फिर
काले धुएँ से भरे दिन

फिर देखें हम
आकाश के नीलेपन में
इस आदमी की तपस्याओं का फल

तापता हुआ
फिर वही आग
उत्साहित हूँ मैं
इस आदमी ने नहीं खोलीं अपनी भुजाएँ
किसी गाइड की तरह
ख़ामोशी की हिफ़ाज़त के लिए

हवा में अब भी गूँज रही है
इसी आदमी की आवाज़
घूरता है यह आकाश को टकटकी लगाये

जब ख़त्म होने लगती है
वर्षों की बेचैन प्रतीक्षा
प्रकाश की शक्ल में फैल जाता है
यह आदमी
हवा में घुलते काले धुएँ के ख़िलाफ़

कोई भी क़ैद
न बुझा सकती है इस आदमी की आग
न छीन सकती है इससे जीने का अधिकार

देखता हूँ मैं
एक चिरन्तन आग
मण्डेला में

रोशनी

(जिस दिन 18 संस्थाओं और अख़बारों पर गोरी सरकार ने प्रतिबन्ध लगा दिया, वह दिन था 19 अक्तूबर, 1977, 'द गार्जियन' की टिप्पणी थी, "इस बार सचमुच लगता है कि अफ्रीका से रोशनी विदा ले रही है।")

हमने कहा था
पीछे मत देखो
न पलटा खाओ
हम चाहते हैं ज़िन्दगी
किन्तु उसकी लय
राजनीति से नहीं मिलती
इस संकट के लिए
दोषी हैं हम

मैं कहना चाहता
कि
रोशनी बुझने के बाद
टीरो और बिको जैसे हज़ारों लोग
अचानक जला देंगे इतनी नयी रोशनियाँ
जिनको न गिन पाओगे तुम
न लिख पाओगे
कूद पड़े हैं वे
दिलों की दुनिया बसाने के लिए
लाखों नंगे लोग

कूद पड़े हैं
बिना लड़खड़ाये
सीधे
पर
तुम्हारे क्लब के
उज्ज्वल बोर्डरूम के सपनों से नहीं
तुमसे छुपकर
कोई भी नरक घोलें वे
किन्तु
खुले मैदानों की रोशनी में नहीं छुप सकते वे
हमसे

कोई सम्मोहक शगूफा नहीं छोड़ती है
बन्दूक़ों की गरज
तुमने तराश-तराश कर
चिकना बना दिया है उन्हें

फिसलते चले आ रहे हैं वे
हमारे हाथों में
प्रचण्ड रोशनी लिए

विक्टर मोटापनियान (Victor Motapanyane)

इनका जन्म 1942 में जोहान्सबर्ग में हुआ। 1965 में ये दक्षिणी अफ्रीका से निर्वासित हुए। इन्होंने मास्को स्टेट विश्वविद्यालय से दर्शनशास्त्र पर शोध किया है। ये ए.एन.सी. (ANC) के सदस्य रहे हैं और इनकी कविताएँ रूमानिया की कई पत्रिकाओं में प्रकाशित हुई हैं।

याद करना मुझे

जब
कुछ कहे
मेरे अस्तित्व के बारे में
दर्द से
ठण्डी साँसें छोड़ता नीला आकाश

जब
ढक दें
मेरे गहरे ज़ख़्मों को हरे-भरे खेत
...याद करना मुझे

जहाँ
दनदनाती गोलियाँ
और क़रीब पहुँचाएँ
उदीयमान स्वतन्त्रता के
ज़िन्दगी की आग के प्रति मेरी चाहत को...
वहाँ याद करना
मुझे तुम

आशा

गुलामी की जकड़ में
दहकते हैं रात के अंगारे
हमारे बर्फ़ीले दिलों को देते हुए चेतावनी

रात के अँधेरे में
चमकती हैं
लाल आँखें
हमारे दुखी जीवन पर
दर्द की परछाइयों के बावजूद

लगातार जूझने
और
जीने की प्रेरणा देती है हमें
आदमी की अन्तरंग आशा

धुँधलका

रात में
कँटीले तारों से घिरी
इस गुलाम धरती पर
जहाँ
विषाद के स्वर अलापती रहती है त्रासदी
मुझे प्रेरित करती रहती है
गर्दिशों की धूल
जन्मभूमि की धरती पर
रोशनी बिखेरता रहता है
उदास चाँद

मेरी आत्मा में रोज़
चुभता रहता धुँधलका
शान्त लगती धरती पर
मुझे कुरेदता रहता है
धुँधलका

रात के अँधेरे में
सदा
जलती रहेगी
आशा की टिमटिमाती रोशनी

जारी रहेगा
धीरज, लगन और सफलता के साथ
संघर्ष का अन्तहीन विस्फोट

ओस्वाल्ड मत्शाली (Oswald Mtshali)

इनका जन्म 1940 में ब्राइहीड, नेटाल (Vryheid, Netal) में हुआ। इनकी कविताएँ 'क्लासिक', 'न्यू क्वाइन पोएट्री', 'परपिल रेनोस्टर', 'ओफिर' (Classic, New Coin Poetry, Purple Renoster, Ophir) जैसी प्रसिद्ध पत्रिकाओं में प्रकाशित हुई हैं। पहली पुस्तक 'साउंड ऑफ़ ए लो हाइड ड्रम' (Sound of a Low Hide Drum) जोहान्सबर्ग से प्रकाशित हुई। 1971 में लन्दन के अन्तर्राष्ट्रीय कविता महोत्सव में इन्हें कविता पढ़ने के लिए आमन्त्रित किया गया।

झूला झूलता लड़का

वह डोलता
धीरे-धीरे
इधर से उधर
फिर तेज़ और तेज़

पेंगें भरता है वह
ऊपर से नीचे
नीचे से ऊपर

उसकी नीली कमीज़
फटी पतंग की तरह
लहराती हवा में

घूमती है दुनिया
पश्चिम हो जाता पूरब
उत्तर पलटता दक्षिण की ओर
चारों दिशाएँ
केन्द्रित होतीं उसके दिमाग़ में

"माँ?
मैं कहाँ से आया?
मैं कब पहनूँगा लम्बी पतलून?
क्यों जेल में हैं मेरे पिता?"

साँकलों में बँधे आदमी

गाँव के स्टेशन पर
रुकती है ट्रेन

आँखों पर पड़े नींद के परदे से
मैंने झाँका
दिख पड़े
ओस-जमी खिड़की के बाहर
हर मानवीय गरिमा से वंचित छह आदमी
बर्फ़ीली हवा की चुभन से मिमियाते

लौट जाओ
ओ ठण्डी हवाओ!
लौट जाओ
क्या नहीं देख पा रहीं तुम
हमारी नग्नता?

लड़खड़ाते हुए
चढ़ते वे ट्रेन पर

बँधी हुई कलाइयाँ
पैरों में बेड़ियाँ
लोहे के छल्ले

फन्दों से बचने की कोशिश करते
बूचड़खाने के पशुओं की तरह

छिले आलू जैसे गोले चिकने सिर वाला
एक आदमी फुसफुसाता
उगते सूरज के कानों में
धुआँ के चिथड़े रूमाल से पोंछी गयी हैं
लाल आँखें
ओ प्यारे सूरज!
क्या नहीं मिलेगी
मेरे कलेजे को आशा की ऊष्मा?

न जाने किधर चली गयी
लाइन पर ट्रेन?

काम पर जाते हुए

हज़ारों काले लोगों के साथ
ग्यारह डब्बों में बन्द
स्टेशनों पर लड़खड़ाते हुए
भोर के लाल फीते से बँधी
शहर की ऊँची मीनारों का अभिषेक करते हुए
मैं जाता हूँ काम पर
सप्ताह में पाँच दिन

बुदबुदाता है एक दिशा-निर्देशक
मानो
रात को शराब पीने के बाद
स्वप्नद्रष्टा की दबी आवाज़ में
"भाइयो!
कौन नहीं जानता मुझे?
मैं हूँ मि. जॉनसन के चक्के का दाँता
और
मि. जॉनसन हैं
एक बड़ा पहिया
मि. दे. वाइल के बाक्सवागन के नीचे
लुढ़कता हुआ"

आर्थर नौर्जे (Arthur Nortje)

इनका जन्म 1942 में आउडशूर्न, केप प्रोविंस (Oudtshoorn, Cape Province) में हुआ। 1966 में निर्वासित होकर ये इग्लैंड पहुँचे। ऑक्सफोर्ड विश्वविद्यालय में जिन दिनों ये शोध कर रहे थे, उन्हीं दिनों 1970 में अकाल मृत्यु के शिकार हो गये। इनकी कविताएँ 'सेचाबा', 'लोटस', 'एपार्थीड' (Sechaba, Lotus, Apartheid) पत्रिकाओं में और 'सेवन साउथ अफ्रीकन पोएट्स' (Seven South African Poets) संग्रह में प्रकाशित हुईं। मरणोपरान्त 'डेडरूट्स' (Dadroots) नाम से इनका संग्रह हाइनमैन से प्रकाशित हुआ।

आस्था का वक्तव्य

मुझसे नहीं कहेगी आग
अपने को बिछावन बनाने के लिए

गर्भ में नहीं होती है
एक से अधिक के लिए जगह

या तो खड़ी रहती है
तुम्हारे ऊपर एक ठण्डी चट्टान
या बिखेर देता है कोई
हवा में तुम्हारी राख

कड़वाहट के साथ खो जाती हैं
करुणा की कुछ बूँदें मानवता के महा समुद्र में

पूरक बन जायें एक दूसरे के
धान के खेत
और गुलाब के बगीचे
नयी फ़सल रोपने वाले हाथ काट लिए जाने से पहले

ज़रूर फूटेंगे
अप्रैल की गर्मी में
उन शब्दों के अंकुर
जिन्हें रोपता रहा मैं
ठण्डी तंगहाली के दौर में

मोन्गाने वाली सरोटे (Mongane Wally Serote)

इनका जन्म 1944 में सोफिया शहर, जोहान्सबर्ग में हुआ। जून 1969 में इन्हें नौ महीने की क़ैद से छोड़ दिया गया। इनकी कविताएँ 'क्लासिक', 'न्यू क्वाइन पोएट्री' और 'ओफिर' (Classic, New Coin Poetry और Ophir) जैसी पत्रिकाओं में प्रकाशित हुईं। पहला कविता संग्रह 'बूचड़खाने में पशुओं की चीख़' जोहान्सबर्ग में प्रकाशित हुआ। इसके बाद 'एक छोटी चिड़िया', 1974 में, 'कोई बच्चा अब न रोये' 1975 में और 'बीहोल्ड मामा', 'फ्लॉवर्स' (Behold Mama, Flowers) कविता संग्रह 1978 में जोहान्सबर्ग से ही प्रकाशित हुए।

जोहान्सबर्ग शहर

"चेतावनी दी जाती है। ये रास्ते बाँटू अंचल की तरफ़ जाने वाले हैं। यदि कोई भी व्यक्ति बिना किसी अनुमति के इस जंगल में प्रवेश करता है तो वह बाँटू शहरी क़ानून और 'जोहान्सबर्ग शहरी आंचलिक रेगुलेशन एक्ट' के अन्दर दण्डनीय है...।" यह सन्देश जोहान्सबर्ग शहर के हर रास्ते पर लिखा रहता है।

मैं सलाम करता हूँ तुम्हें
ओ जोहान्सबर्ग शहर!
जब टटोलता है मेरा हाथ
पतलून की पीछेवाली
या
कोट की भीतरी जेब में
अनुमति-पत्र
गोया मेरी ज़िन्दगी
जिसके बिना मैं कर लिया जाऊँगा
फ़ौरन गिरफ़्तार

भूखे साँप की तरह जेब पर
झपट्टा मारता मेरा हाथ
फटे हुए बटुए में रखे अनुमति-पत्र के लिए
जबकि
कराहते हुए मेरा पेट सौंपता रहता है

एक दोस्ताना मुस्कान
भूख को

क्या तुम्हें नहीं मालूम
ओ जोहान्सबर्ग शहर!
कि
निगलता है मेरा पेट ताँबा और क़ाग़ज?
ओ जोहान्सबर्ग शहर!
तुम्हें करता हूँ सलाम
जब दौड़ते-हाँफते पहुँचता हूँ मैं
तुम्हारे पास
पीछे छोड़ आता अपना प्यार
अपना हँसता हुआ घर
अपने लोग, और अपने पोखर
हमेशा चक्कर काटती हुई धूल
और पलकों में जुड़ी हुई अपनी मृत्यु

ओ जोहान्सबर्ग शहर!
मैं चलता हूँ
तुम्हारी सफ़ेद और काली सड़कों पर
सुबह छह बजे
लौहचूर्ण से भरी हवा साँसों में भरता हुआ
लौटता हूँ पाँच बजे शाम
ओ जोहान्सबर्ग शहर!

यही होता है
तुम्हारे पास मेरे पहुँचने का वक़्त
और
लौटता हूँ

जब तुम्हारे घिरते हुए अँधेरे पर इठलाते हैं
सिमेण्ट के पेड़ों पर नियोनलाइट के फूल
हाँ
मैं लौट जाता हूँ
अपने प्यार के पास
अपने पोखर
अपनी धूल
और अपने लोगों के पास

अँधेरे में घात लगाये बैठी रहती है मौत
मानो मांस में धँसा हुआ चाकू
मैं महसूस कर सकता हूँ
तुम्हारी जड़ों को

तुम्हारी ताक़त का लंगर है
मेरी मांसपेशियों की कमज़ोरी,
मेरा दिमाग़, मेरा ख़ून
और मेरा सब कुछ
जिसे जानते हो तुम

बस
सिर्फ़ इसीलिए तो तुमको ज़रूरत है मेरी?
सुनो
जोहान्सबर्ग शहर!
ओ जोहान्सबर्ग?
मैं कहता हूँ तुमसे
मज़ाक़ नहीं, सच समझना इसे
जब तुम विदा करते हो हर शाम
मर्दों और औरतों को

उनकी बर्फ़ीली अभिव्यक्तियों के साथ
आँसू और झुर्रीदार धूल के कणों के साथ
तब
मृत्यु की तरह शुष्क होते हो तुम
ओ जोहान्सबर्ग!
जोहान्सबर्ग!
ओ जोहान्सबर्ग शहर!

क्या है काली गू में

पाखाने की बाल्टी में
पड़ी यह बजबजाती सड़ाँध
ख़ून से भरा उत्सर्जन है पेट का
वापस थूक कर निगल लिया जाता है मुँह से
चुभलाया जाता हुआ
महसूस होता इसका स्वाद जीभ पर
और होता आश्चर्य
इसके जैसा कौन?
अब मैं बताता हूँ इसके बारे में—

'शिट' बोलती
गोरी मालकिन की बुढ़िया नौकरानी
अपने क्वार्टर में सिमटती हुई
अपने थुलथुले शरीर
और
जीवन के विराट अनुभवों के साथ
जो उसको बना देते बच्ची

वह फिर वही होगी अगले दिन
सर्व करती हुई चाय
धन के कारण बीमार पड़ी मालकिन को
जो सुबह दस बजे तक
पड़ी रहती है बिस्तर में
'शिट'
कार्यरूप में परिणत हो सकता है

यह शब्द
बाप के पूरे वज़न के साथ
लोहे जैसे हाथों से थप्पड़ खाया हुआ मासूम चेहरा
मेरी छोटी बहन का
सहेज कर रखी गयी चीनी
छींट देने के इल्जाम में
फिर भी
सन्तुष्ट नहीं होता वह अपने हाथों से
ज़ख़्मी करके भी मेरी बहन को

सीख रहा हूँ मैं
सही उच्चारण 'शिट' का

जब मैं गया था
नौकरी की अर्ज़ी के साथ
पारण-कार्यालय में उस दिन
अफ़सर ने मुझे नियुक्त किया
मिडल वर्ग में
पूरी ताक़त से चीख़कर बोला मैं
'शिट'

कुछ राहत मिली मुझे
सही उच्चारण से
लेकिन फ़ायदा क्या?
उसी अफ़सर के मुँह पर
कह दिया मैंने
"कभी नहीं हिम्मत जुटा पायेगा मेरा बाप
इस शब्द के उच्चारण का"
मुझे महसूस हुआ तब
"कैसा होता है काला 'शिट'!"

'शिट' (गू के अर्थ में प्रयुक्त शब्द)

जब रोशनी बुझ जाती है

(अफ्रीकन जेल के कुछ क़ैदियों के नाम टुकड़ों में एक कविता।)

जब
सूरज आता और चला जाता
चाँद आता और चला जाता
रात और दिन की छायाओं के साथ
जब करते कोई सवाल
थकी हुई आवाज़ें
गिर पड़तीं गहरी खाइयों में

कैसा लगता होगा तुम्हें
चुपचाप सबकुछ देखते हुए केवल प्रतीक्षा करना
प्रत्येक बदलते क्षण का
भारी बोझ महसूसना
और कुछ नहीं
यहाँ तक कि
सब कुछ ख़ून से लिखा हुआ भी
कुछ नहीं कहता
कैसे कल जगेंगे हम
और
कैसे मनाएँगे अगला दिन?

•

तुम्हारी बन्द पलकें
यदि कभी
अपने परिचितों को याद करें
बन्द पलकों के भीतर उमड़ता हुआ अँधेरे का सैलाब
त्रासदी की चक्राकार तस्वीर खींचेगा
और अकेले तुम जानते हो
कि
कभी वह आशाएँ रहती थीं
कि
कभी क्षितिज पर
लोगों के क़दमों की आहटें थीं
और अब
सन्नाटा आकाश में लम्बे डग भरता है
जहाँ
पसीना पोंछता हुआ सूरज
चाहता है कुछ क्षण राहत ले लेना

•

क्या हम तुमसे कह सकते हैं
कि
तुम लम्बे दिनों और लम्बी रातों की सन्तान हो
कि
आशा मूर्खों की सहायता नहीं करती
हाँ
काल, अपनी सम्पूर्ण वाक्पटुता के साथ
मिटा सकता है हमारे चेहरे

याद हैं शार्पविले, वे दिन
जब

हिंसा और विध्वंस को शब्द दिये जाते थे?
फ़िलहाल
आज तुम चौकस हो
और
प्रतीक्षारत

•

एक दिन
फिर चलना शुरू करेगी उम्मीद
फुसफुसाती हुई
उन ऐंठी हुई लाशों के बारे में
जिन्हें देखा है हमने
सड़कों पर इधर-उधर पसरे हुए
...इस लम्बी-चौड़ी दुनिया में

वे आँसू
वह ख़ून
वे यादें
और
जाना जा सकता है इतना कुछ
पैदा हुए उन बोझिल क्षणों में
जिन्हें हम ले गये
उन बीहड़ जंगलों में
जहाँ से आगे नहीं था कोई रास्ता
जहाँ
प्रतिध्वनित होती थी अपनी ही चीख़
मानो रुकेगी नहीं कभी

शेष नहीं रहती जब कोई उम्मीद
तब वह फिर

ख़ुद उग आती है एक उम्मीद
हालाँकि
जैसा कहा था हमने
मूर्खों की मदद नहीं करती कोई उम्मीद
चूँकि हमारी अपनी आँखें नहीं
जिनसे देख सकते कानों को
और न ही अपनी अँगुलियाँ
जिनसे छू सकते कुछ
काश!
जान पाते हम
समय को जोत पाने का तरीक़ा
क्या तुम सुन पाते हो
क़दमों की आहट?

एक प्रतिबन्धित कविता

इस सूखे 'सफ़ेद मौसम' में
सम्भव नहीं है
'काले पत्तों' का रह पाना
नीरस है उनकी तुच्छ ज़िन्दगी
धरती पर लुढ़क रहे वे
टूटे दिल की तरह नीचे से ऊपर
ऊपर से नीचे की ओर
ख़ून तक नहीं बह रहा उनका
वाकई मेरे भाई
एक सूखा 'सफ़ेद मौसम' है यह

केवल पेड़ों को
एहसास होता है इस दर्द का

स्टील की तरह
निर्विकार खड़े हैं वे
तार हैं उनकी टहनियाँ
हाँ, निश्चय ही
एक सूखा 'सफ़ेद मौसम' है यह
मगर
हर मौसम आता है जाने के लिए

क्रिस्टोफर वैनवाइक (Christopher Vanwyk)

इनका जन्म 1951 में जोहान्सबर्ग में हुआ, जहाँ ये संवाददाता के रूप में कार्यरत रहे हैं। इनकी कविताएँ 'डोंगा', 'इस्पान', 'स्ट्राफीडर', 'न्यू क्लासिक', 'ओफिर', 'दि वायस एंड दि स्टार' (Donga, Inspan Sraffider, New Classic, Ophir, The Voice and the Star) आदि पत्रिकाओं में प्रकाशित हुईं। 1979 में Ad. Donkar द्वारा इनका पहला काव्य-संग्रह 'इट इज़ टाइम टु गो होम' (It is Time to go Home) प्रकाशित हुआ।

कृषि-सुधार

एक काले आदमी को देखा मैंने
चन्द सिक्कों के लिए
ख़ाली डब्बा खनखनाते
एक गोरे के सामने

मैंने सुना
जोम्बिआई नामक जगह के बारे में
जहाँ
रोटी-पानी के लिए
रोते-गिड़गिड़ाते, चीख़ते हैं लोग
आह!
मैंने सुना है उनके बारे में

किन्तु सुनी हैं मैंने
सोवेटो के बच्चों के सीने की धड़कनें भी
देखी है मैंने पुनर्जीवित होती
जगह-जगह दरारों से भरी
अफ्रीकन ज़मीन भी
देखी है मैंने पसरी हुई
बंजर एंजामियन धरती भी

जानता हूँ मैं
नहीं जकड़ पायी है पूरी तरह
बंजर एंजामियन धरती
मौत की ठण्डी जकड़न से भविष्य को
अब भी शेष है सम्भावना
धरती के पुनर्जीवन की

नये दिन की वन्दना

हर सुबह
मुझे जगाते हैं
गन्दी दीवारों से चिपके खटमल
निचोड़ देता हूँ मैं अपना ही ख़ून
उनकी तुम्बियों को मसलकर
आँखें खोलकर बातें करता हूँ मैं
उबासी लेती हुई मोमबत्ती की लौ से

बेचैन होकर टटोली मैंने
अपनी जेब
चिन्दियों से लबालब भर दिया एक आवारा टोपी को
दौड़ते हुए लौट पड़ा घर की ओर
क़ाग़ज पर टाँकने के लिए प्रतिशोध

क्लेवा-क्लेवा का शोर
जोहान्सबर्ग की सड़कों पर
हाँक लगाती घूमती हल्लागाड़ी
तलाशने के लिए अनुमति-पत्र
सबकी जेबों में

जिनकी जेबों में नहीं मिलता अनुमति-पत्र
घसीट कर उनको गाड़ी में ढकेल देती पुलिस
शायद इससे भी अधिक होता है कुछ उनके साथ

दौड़ जाता मैं अपने घर
किताबों के आँचल में मुँह छिपाकर
रोने के लिये
होता है यह
और इससे भी अधिक और कुछ
यहाँ और रिवेरलिया में
जहाँ रहता हूँ मैं
यहाँ और सोवेटो में
जहाँ रहता हूँ मैं
यहाँ और बन्तुस्तान में
जहाँ रहता हूँ मैं
मेरे और डॉन ड्यूमा और फहजल के साथ
जिनके साथ रहता हूँ मैं

पता नहीं प्रभु
अब भी कैसे ज़िन्दा हूँ मैं
अपने दमित अकेलेपन के साथ
किसी की दया से फेंकी गयी नंगी त्रासदियों के बीच
अलमारियों से निकाल कर फेंके गये
सारे कूड़े-कचरे के साथ
वहाँ
जहाँ इन दिनों रहता हूँ मैं?

दिन-प्रतिदिन ज़िन्दगी का हिसाब रखता हूँ मैं
बहुत सारे चित्र-फलक हैं मेरे दोस्तों के पास

साथ-साथ उनके पास है
उदासी के रेशों को उकेरती तूलिका
घाव खाकर भी गाते रहते हैं कुछ लोग

हम हैं काली मूर्तियाँ
झोपड़पट्टियों में पड़ी हुई
गन्दगी और आँसुओं से ढाली गयी

दमन के कुत्सित धब्बों के बावजूद
बचा हुआ है हममें
हमारी संस्कृति का अभिमान
अपनी क़लम और कूची के साथ

लेकिन आह!
कब से कर रहा हूँ मैं
आदमी और देवता के पुनर्मिलन की प्रतीक्षा
या इन्तज़ार उस वक़्त का
जब और उदार होगी आत्मा
फहराये जाएँगे ताज़ा झण्डे
कहा जायेगा लिखने के लिए
नया राष्ट्रगीत

किसी भी दिन उतार फेंकूँगा मैं
इस भयानकता की केंचुल
जानता हूँ मैं
ख़ुश होगे तुम
जब मैं कहूँगा तुमसे
लिखने के लिए एक नयी सिम्फ़नी

स्कारलेट विट्मैन (Scarlet Whitman)

इस कवि का यह छद्म नाम है। वर्तमान समय में लन्दन में ये रह रहे हैं। इनका काव्य संग्रह 'दि अफ्रीकन कम्युनिस्ट' (The African Communist) है। ये अफ्रीकन नेशनल कांग्रेस (African National Congress) के सदस्य हैं।

फिर सब कुछ हमारा अपना होगा

पसीना बहाते लोगों के दिल
भरे हैं गुस्से से
ज़िन्दा है
लुटी हुई विरासत की ललक
नयी पीढ़ी के दिल में

लौट कर हमारे क़ब्ज़े में
हमारा सब कुछ
फिर हो जायेगा
हमारा अपना

पुरखों के खेत
सारे के सारे पहाड़
अपनी गर्वोन्नत चोटियों के साथ
फिर होंगे हमारे क़ब्ज़े में
फिर हो जायेगा
हमारा सब कुछ
हमारा अपना

हो जायेगी हमारी अपनी
खुशबू भरी घास और
जंगलों से चमकती धरती

हो जायेंगे हमारे अपने
बेचैन नदियाँ
थिर तालाब
लहराते समुद्र

हो जायेगा हमारा सब कुछ
फिर एक बार
हमारा अपना

लगातार चोटों से
टूटता नहीं जिनका धीरज
कौन हैं वे
जो भर देते हैं काली रातों का आँचल
लाल सितारों से?

ज़रूर लौट आयेगा
हमारा सब कुछ हमारे क़ब्ज़े में
ज़रूर हो जायेगा
हमारा सब कुछ हमारा अपना

स्वातन्त्र्य-दिवस का गीत

स्वतन्त्रता का हर दिन 'वोरस्टर'
तुम्हारे और क़रीब लाता
तुम्हारी काल-रात्रि को
हमारा स्वातन्त्र्य-दिवस 'वोरस्टर'

अब दुःस्वप्न है तुम्हारा
हमारा स्वातन्त्र्य-दिवस

व्याख्याओं का खोल जब ओढ़ाते हो
तुम अपने झूठ को
तब
प्रार्थना करते हैं हम बरसते हुए आकाश से
"धो डालो हमारी धरती को
ताकि
राहत की साँस ले सकें हम
और डुबा दें उस नर्क को
जिसे अलंकृत ढंग से तैयार किया है तुमने
हमारे लिए"

स्वतन्त्रता का हर दिन 'वोरस्टर'
तुम्हारे और क़रीब ले आता है
तुम्हारी काल-रात्रि को

हमारा स्वातन्त्र्य-दिवस वोरस्टर
अब दुःस्वप्न है तुम्हारा

खदान हैं हमारे लोग
जिनको कुचलते हुए
चलता रहा तुम्हारा दुस्साहस

खदान थे वे लोग
जिन्हें रौंद डाला तुमने

प्रतीक्षा कर रहे हमारे लोग
अपने बेटों के लिए अच्छे दिनों की
हाँ, अपने से बेहतर दिनों की
'वोरस्टर' स्वतन्त्रता का हर दिन
तुमसे मिलने को आतुर हैं
हमारे लोहे के हथियार
फौलाद की तरह सख़्त हैं
हमारे धड़कते हुए दिल
पीटने के लिए तुम्हें

तुमसे मिलाते हुए साथ
करेंगी प्रचण्ड चोट
हमारी हड़ियत-दिवस के लिए

क़रीब लाता तुम्हारी काल-रात्रि को
हमारा स्वातन्त्र्य-दिवस 'वोरस्टर'
ज़रूर होगा तुम्हारा दुःस्वप्न
हमारा स्वातन्त्र्य-दिवस

शुद्ध श्वेत, केवल श्वेत

केपटाउन के प्रवेश-द्वार पर
आप्रवासी मज़दूरों की बाढ़ को रोक कर
पूछा जाता है पहला सवाल—
"क्या तुम शुद्ध सफ़ेद चमड़ीवाले हो?
केवल सफ़ेद या आंशिक सफ़ेद?
तुम असली भूरे हो
या रूखे और ललछौंहे भूरे?
अलकतरे की तरह गहरे काले हो तुम
या फीके धूमिल काले?
यहाँ निमन्त्रित होते हैं सिर्फ़ शुद्ध श्वेत
केवल बेदाग श्वेत ही रखे जाते हैं यहाँ"
इस स्थिति का ज़िम्मेदार है
सिर्फ़ अपने ख़यालों में खोया हुआ
तुम्हारा ही निष्क्रिय मस्तिष्क
चौंकते हो तुम
पीछे खड़ी भीड़ के धक्के से
मुड़कर देखते हो
रंग-बिरंगे चेहरों का जत्था
पाते हो
अनावृत
अलग-अलग मौसमों के रंगों की झलक

सोयेन्का ओल (Soyinka Wole)

इनका जन्म 1934 में हुआ। ये नाइजेरिया के सबसे प्रसिद्ध नाटककार, उपन्यासकार और कवि हैं। इन्हें 1986 में साहित्य का नोबेल पुरस्कार मिला। ये प्रायः दो वर्ष (1967-1969) अकेले कारावास में रहे। वहाँ इन्हें पढ़ने-लिखने की पूरी मनाही थी और जीवन एक साँस लेता हुआ अस्तित्व भर था। इनकी मशहूर कविता-पुस्तकों में से 'पोयम्स फ्राम प्रीजन' (Poems from Prison) 1960 में प्रकाशित हुई। इनके बहुत-से नाटक और उपन्यास आदि भी प्रकाशित हुए।

कुहासे की दीवार

तेज़ चीख़ों और कर्कश अट्टहास से
गूँजती रहतीं
कुहासे की दीवारें

नहीं जलाती अब कोई आग
नहीं प्रोत्साहित करता कोई दर्द
नहीं जागतीं स्मृतियाँ

दीवार बन गयी हैं
हमारी चाहतों की समाधि

अरी ओ सैबाथ (Sabbath) की चुड़ैलो!
क्या पकड़ रखा है तुमने
धूप की रंगरेलियों के बीच?
ईंगुरी छिपकलियाँ
या
दीवारों के घावों में किलबिलाते कीड़े?

भाप की आँच में फूफूँदों को भूनकर
कुहासे की आड़ में यह रूपान्तरण?
आदमी से सूअर?

ताक़त के बदले हाँफना?
कमज़ोर छिपकलियों की भाँति
इधर-उधर भागना
हिफ़ाज़त के लिए?
आत्म-सम्मान के साथ जीने के बदले
बन जाना मिठाई का स्वाद
कमीनों की जीभ पर?

हवा में उठती है
ज़ोरों की चीख़
आदमी के गले में फँसी
आख़िरी साँस की
घुरघुराहटें
और
कोंकियाहटें

हवा में गूँजती बिजली की कड़क
मानो
बुला रही है
डायन की चाबुक को
भेड़ों के झुण्ड के रूपान्तरण के लिए

घूमती हैं
देहमुक्त अट्टहासों की प्रतिध्वनियाँ
जन्मी हुई गन्दी नालियों से
सुन पड़ती है दीवारों के नीचे
गटर की भूल-भुलैया में
गँदले पानी की आवाज़
जेल की दीवारों के नीचे

अँधेरी नालियों में
बहते हैं
गुमशुदा लाशों के टुकड़े
स्वजनों को बनाते हुए
शोक से कातर

सूरज को चिढ़ाती हैं
शाम के धुँधलके में
भूरे चमगादड़ों की क्रुद्ध जमातें
सूर्यास्त के समय
छाता है आकाश में
बैगनी लेई का कोहरा

जॉन पेपर क्लार्क (John Pepper Clark)

इनका जन्म 1935 में आइजुवा के नाइजर डेल्टा प्रदेश में हुआ। ये एक नाइजीरियन कवि और नाटककार के रूप में प्रसिद्ध हैं। ये इवादान विश्वविद्यालय में छात्र रहे हैं। वहाँ इन्होंने 'द हार्न' कविता-पत्रिका निकालनी शुरू की। इनकी कविता-पुस्तकें हैं–'ए रीड इन टाइड' (A Reed in Tide), 'कैजुअलिटिज पोयम्स' (Casualties Poems), 'ए डिकेड ऑफ़ टॉम्स : सलेक्टेड पोयम्स' (A Dicade of Toms : Selected Poems)।

वारी-पुलिस-स्टेशन की घटना

(जीसस के ऊपर कोड़ों की मार के बाद)

बिल्कुल नंगा करने के बाद
न्यायाधीश के आदेश पर
क़ैदी को लाया जाता
जेल से बाहर
धूप में सूरज की चमक से सँवलाती
चौराहे की बेंच पर

कड़क कर दिया जाता है हुक्म,
"लेट जाओ"
ऑक्टोपस के हाथों की तरह एक जैसे कई हाथ
दबोच कर लुढ़का देते क़ैदी को

चढ़ जाता उसकी पीठ पर
एक स्मार्ट सार्जेण्ट
तड़ातड़ बरसने लगती बेंत
उसके नंगे कूल्हों पर
काट खाने को आतुर
क्रुद्ध अजगर की तरह फुफकारती
जारी रहता यह सिलसिला

क़ैदी के फौलादी इरादों के बावजूद
बहने लगते कार्बोलिक पानी, ख़ून और आँसू
घुल-मिल कर
ज़ख़्मों से निचुड़-निचुड़कर
मटमैली धारा की शक्ल में
धोते गोरों की गलतियों को
हवा में तैरने लगती
एक दूषित गन्ध

जुट जाती आस-पास
एक अनचाही अजनबी भीड़
औरतों और बच्चों की
ताना मारती हुई
उसकी जाँघों के बीच सिकुड़े पुछल्ले पर

जारी रहती बहस
विशिष्ट लगते तीन व्यक्तियों के बीच
शायद प्रोन्नति के ताज़ा हकदारों की सूची पर
या फिर बाज़ार की ताज़ा दरों पर

पास खड़ी एक गाड़ी में
कुछ आशिक़ मिज़ाज लोग
पूछ रहे साथ की लड़कियों से
"क्या मँगायी जाये थोड़ी और शराब?
क्या सुना जाये कोई और ताज़ा संगीत?"

□□